唐蘭著作精選

唐蘭

古文字學導論

上海古籍出版社

秀水 唐蘭

圖書在版編目(CIP)數據

古文字學導論/唐蘭著. —上海：上海古籍出版社，2016.12 (2022.3重印)
(唐蘭著作精選)
ISBN 978-7-5325-8197-9

Ⅰ.①古… Ⅱ.①唐… Ⅲ.①漢字—古文字學—研究
Ⅳ.①H121

中國版本圖書館CIP數據核字 (2016) 第 206671 號

唐蘭著作精選

古文字學導論

唐 蘭 著

上 海 古 籍 出 版 社 出版发行

(上海閔行區號景路159弄1-5號A座5F 郵政編碼201101)

(1) 網址：www.guji.com.cn

(2) E-mail：gujil@guji.com.cn

(3) 易文網網址：www.ewen.co

上海展强印刷有限公司印刷

開本 787×1092 1/16 印張 29.25 插頁 5

2016 年 12 月第 1 版 2022 年 3 月第 6 次印刷

ISBN 978-7-5325-8197-9

H·150 定價：118.00 元

如有質量問題，請與承印公司聯系

電話：021-66366565

目録

自敘

這本書在很短的時期内居然寫成了。蒙馬叔平沈兼士兩先生的好意，都答應替我做序，我自己已想不寫序文了，但因還有些話須交代，所以重提起筆來做這照例的題目。

這書本是唐氏古文字學七書裏的一種，七書的名稱是：

一 古文字學導論

二 殷虛甲骨文字研究

三 殷周古器文字研究

四　六國文字研究

五　秦漢篆研究

六　名始

七　說文解字箋正

箸者最先是治說文的，曾做過說文注四卷，未完成，稿本今陷在遼寧。其後治金文，又後治甲骨文，又後十餘年，始決采甲骨，金文，六國文字及秦篆來作名始，用以代說文。又後兩年，稿已略具，但自己覺得是失敗的。因為把許多不同時代的材料，驟然合併，易致混亂；每一系文字沒有經過嚴密整理，驟然論述，難免錯誤。因又改變方針，先將每一条文字單獨研究，等獲到結果後，再合併起来組成全部的歷史，就是名始。因為名始裡面所用的系統和方法大都是前人所沒有知道的，所以想把名始裡的體例，寫出一部古文字學導論来放在最前。又因為名始裡不能完全舉出說文的得失，所以想另寫一部說文解字箋正来擱在最後。這是擬刱（做）七書的緣起。書的命名和編次，不無受了音學五書的影響，所以稱古文字學的緣故，是著者還想在這部分研究告一段落後，能有暇去研究近代文字。

著者原意，是把古文字學導論當名始的序例，但現在却提前發表了，這又是一次的變更計劃，是最近兩年内的經驗所促成的。

前年的暑假，著者想用全力把殷虛文字徹底整理一下，經過兩个多月，稍有一些頭緒，但到開學以後，忙於編講義和上課，就只好擱下了。寒假裏只略整理劉鶚王襄所藏的甲骨材料，就匆匆過去。十數年來，在甲骨文字裏的發見，不好算少，然竟沒有寫定的時間。因前人所稱已認識的文字，不過一千，中間有一部分是不足信的，根據我個人的方法，所識的字，幾可增加一倍，但要寫定成一個系統，卻異常困難。把一個確實可信的字所根據的材料蒐集一起，附上解釋，往往要費兩三天的工夫，要全部寫定，至少也得有三四年的閒歲月，一个以教課為生涯的人，打那兒去找這種福氣呢！再則，材料也真不易收集。明義士、劉晦之所藏，雖見了一部分，但沒有全；中央研究院發掘所得，除了已發表的小部分外，深扃固鐍，局外人無從得見，而等他們的總發表，又遙遙無期，這幾部很豐富的收藏，不能完全寓目，驟然寫定，也總是遺憾。於是，在上年的暑假，我又放棄了全部寫定的計劃，決定先寫出一部分，約百餘字，名為殷虛文字記，以後繼續寫的，自二記以至十記，最後再把來合成一個整部的殷虛文字研究。原來的龐大計劃，現在已縮無可再縮了。

但寫了一部分後，我就感覺到要能先寫一本導論，比這個工作，還切合現時的需要。以前，我只打算到怎樣去完成我的工作，工作完成以後寫出來的導論，當然要比現在所寫的好，但這工作要做多少年，到底能完成不能，都是我自己所不能解答的問題，那末，與其工作若干年還不能完成而寫出一部較好的，還不如現在先寫出来而慢々地修改。因此，在秋季後，我就開始寫這本書，而把殷虛文字記移至今年秋後再寫定。

我所以要先寫這本書的原因，在引言裡已敘述過。古文字研究本是文字學裡最重要的一部分，但過去的文字學者對古文字無深切的研究，研究古文字的人又多不懂得文字學，結果，文字學和古文字研究是分開的，文字學既因語言音韻學的獨立而奄々待盡，古文字的研究也因沒有理論和方法，是非漫無標準，而不能進步。這一層隔閡，多少年來，我就想設法打通的。要實現這个企圖，就得把我所持的理論，和所用的方法，寫了出來，和學者們共同討論，使古文字的研究，能成為科學。

近年來，考古學，古史學，語言音韻學等科，均有顯著的進步，這些學科和古文字俱有密切的關係，所以古文字的解釋，漸漸成為時尚。但古文字研究方面，若干年中，並沒有顯著的進展。專門的研究者除采用吳大澂，孫詒讓，羅振玉，王國維諸成說外，只有坐待着一兩字的意外發見。有一位學者曾屢次告訴我，認識古文字，用不到半年工夫，但除此以外，無事可做，這是此中的真實情形。

古文字的不可識和不可解釋的太多了，專門的研究者既不能饜足一般人的欲望，别人自然要来越俎代庖了。於是，有的人冥思默索，獨標懸解，有的人附會穿鑿自詡能事。因為這裡本没有是非的標準，所以人人得自立其說，漸至毫無常識的人，也来著書立說以自躋於學者之列。而有些庸俗的學者，缺乏選擇的能力，一字的解說，兼采數說，莫衷一是，同一的偏旁，此從甲說，彼從乙說，而自為矛盾，使一般的讀者，目眩五色，不知所從。這些研究中間圍然也有很好的發明，却被這種混亂情形所掩蔽了。

有些學者瞧見這種混乱的狀態，看出了猜謎式方法的底蘊，就看低了古文字研究的價值。有些輕視，或是出於誤解，但古文字研究的本身，確有可被輕視的地方，這是應該自覺的。許多有志於研究古文字的人，他們企求把古文字認識或了解，單是前人成說是不夠的，而近来的新說，又是無所適從，他們勢必趨於拘守成說或恣意放言的兩條路上，這種情形，又是急需矯正的。所以，我不得不把這本書趕緊寫出来，以期建立起是非的標準，並開闢出研究這一學科的新途徑。

因為這樣，在本書裡不免要批評到許多學者的錯誤。這裡面狠多是著者所敬服的前輩和密切的朋友。就如羅振玉先生，他對於著者的學業，曾有不少的鼓勵，他的一生著述和蒐集材料的盡力，在學術史上佔有重要的地位，甲骨學可以說他是手創的，但他那種考釋文字的方法是著者所不能完全同意的。著者雖已盡力避免指摘別人的地方，但有些說話是不客氣的，在這裡，我真誠地向諸位表示歉意。

同時，還要請學者們原諒，因為我所提到的只是不得不明的是非，並不是有意蹈文人相輕的惡習。雖則是非有時不易明，自我過強的學者架不住「非也」二字，可以立刻反脣相譏。郭沫若氏曾告訴我：「昔人有一字之師，今人有一語之敵。」不過，治學問而至不敢明是非，還成什麼學問？學問本只是求真理，我們找出自己過去的不是，指摘別人的不是，同時，也願意別人指摘我們的不是。

我這本書，很願意有人指摘其中的錯誤，但有一事得預先聲明。我所敘述的例證中，深明音韻學的人也許要指出若干條在音韻學上是講不通的。著者音韻學的知識極淺，不免有錯誤的地方。但在另一方面，著者沒有給音韻學裡許多規律所束縛，或更能適合於上古音的研究，正和研究古文字而不為六書說所束縛一樣。一般的研究古音，最早的只是周代的音，但從古文字的研究，卻可追尋出更早的音。「壴」和「喜」今音迴異，依我的聲化象意字規律，則「喜」字當從口壴聲，卜辭⿰壴英字今作⿰英喜（嘉字今作嬉），就是一個很好的證據。「壴」、「鼓」和「鼓」，今音有別，依我的字形通借規律，「攴」和「支」是可以通用的（卜辭有鼓鼔兩體，攴殳亦通用。但舊以鼓為鼓，則誤，

（豈壴有別）。又依聲化象意字規律，鼓和鼓都得從壴聲，鼓鼓都象擊鼓，壴字實像鼓形，那末壴字本當讀若鼓，因為這是較近擊鼓的聲音。（例如磬為擊磬音。）卜辭有一習語，曰：有（㞢）𢑴（祟）其㞢（有）來𡆥，嚮來莫得其解，𢑴字舊或誤釋做求，郭沫若依孫詒讓釋做𢑴而改讀做祟，確是一個很好的發見，但𡆥字郭氏釋為鼙，卻和羅振玉所釋的𠊱一樣，並沒有確實的理由。卜辭的𡆥字，有時寫作𡆥，和𡆥，我在最初治甲骨文字時，就釋做𡠦（嬉），𠊱（僖），𨛫三字，因同從壴聲，所以可通假。但卜辭的意義還不能明白。在前年整理時，才發見卜辭常見的「亡来⿰壴艮」，見前編三卷廿四葉五片，五卷四十葉六及七片，四一葉一及二片，後編上卷三十葉三及四片，戩壽堂殷虛文字二六葉十一及十二片等。和「其㞢来嬉」對文「嬉」、「僖」、「鼓」、「⿰壴艮」同從壴聲，故得通假。卜辭凡用「其㞢来嬉」一語時，下文每言邦國的變故，鄭氏說「嬉」字必與「希」字相貫，而含凶咎之意，所見甚是。大誥說「寧王遺我大寶龜，紹天明即命，曰：有大艱于西土」，可以證明卜辭的「㞢来嬉」，當讀為「有来艱」，是無疑的。說文「囏」，籀文艱，從喜。「囏」字何以從喜，前人都不能解，現在根據卜辭，就可知「囏」本作「⿰壴艮」，從壴聲，壴讀如鼓，故「囏」字音轉為「艱」，後来就改從艮聲。「壴」讀如「鼓」，能轉為艱音。例如「古」本作⿱中口，從口毌聲，毌本象盾形，今借「于」為「毋」，說詳本書下編四十葉和六十七葉。「古鼓」音同，「于」「鼖」音近，所以變化的例同。關於此一點，曾和魏建功氏討論甚久，附此誌謝。「壴」「喜」「鼓」「鼛」，由現有的古音韻系統裏看起來，是很有區別，但在古文字裏卻顯然是同源的。鼓，鼔，憙，熹，僖，⿰壴卩，⿰女壴，⿰麦壴，並從壴聲。⿰女壴或作嬉，從喜聲，卜辭僅一見。現有的古音韻系統是由周以後古書裏的用韻，和說文裏的諧聲湊合起來的，要拿來做上古音的準繩是不夠的。所以，我們在整理古文字時，只須求合於自然的系統，而現有的古音韻系統，應暫擯諸思慮之外。只有這樣，才能找出上古音上的新問題來。如其不然，而以削足適屨為謹守繩墨，這就非著者所能知了。

這本書原來打算在名始做成後寫的，那至少須在十年以後，現在寫了出來，未免太早。從去年九十月之間，開始寫起，迄今年七月初完成，中間，我曾到南方去旅行一次，又生一回病，擱筆約有三月，實際寫了六个多月。這六月餘的時光，又要教書，又要寫別的講義，只有一部分的工夫，來寫這書，所以這書的寫成又未免太快。因此，本書裡的條例不能十分精密，舉的例證也有未恰當的，錯誤和疏忽自更難免，文筆也多生澀，這都是著者應向讀者致歉的。

我希望在這本書再版以前，把書裡的錯誤全

找了出來，可以逐漸修訂。如有可能的話，在再版時，還想附上一個索引。

二十四年七月十二日午夜寫竟

秀水唐蘭

追記

因為種種原因，本書來不及等待馬沈二先生的序文，也不想附插圖，就發行了。這次本只印了二百部，所以假如有再版的機會，我是很想馬沈二先生能撥冗指正的。

在自序裏，關於嬄字應讀為艱的一點裏，漏了一些證據，恰是最重要的證據。卜辭習見的「亡來艱」，有時作「亡來嬄」，（鐵二六、二片，鐵三五、十二片，簠人一〇六片及一〇七片）郭沫若先生來函反對此說，今得此鐵證，自信推論不誤。

十二月十二日唐蘭

上册

附上编正訛

古文字學導論

上册目録

辛　形聲文字

壬　由近古文字到近代文字

附

上編正譌

古文字學導論

秀水 唐蘭

引言

這一本小册子，分做兩部分；第一部分，是由古文字學的立場去研究文字學，第二部分，是闡明研究古文字學的方法和規則。

這種工作，在現在是極重要的，但是還沒有人去做過。學者們老是躲在極狹小的範圍裏，做一些研究，以為這是專門家應守的態度，而關於這學科的全體，不加注意。坊間雖羅列着許多關于文字學的論著，多數是那班一知半解，或竟全無常識的人，所剽襲抄纂的，這當然不會有一貫的理論，或一定的標準，只是學校裡既已有了這種課程，不能不編些教科書來充數而已。

一種科學，應當有原理，方法和規則，沒有系統的理論，是無從定出標準來的，沒有標準，所用的方法，就難免錯誤。根據若干原則來建立一個系統，創立出許多方法和規則，這種方法或規則，應用時沒有矛盾，這才是科學；這才是學者們應肩的責任。

古文字學好像只是文字學的一支，但牠却是文字學裡最重要的部分。一般人所講的文字學，只在講小篆，——隸書以下，是不關緊要的，——但要拿小篆去探討文字發生和演變，錯誤是不能免的。所以要把文字學講好，就得先對古文字做一番深刻的研究。

但是從趙宋時就研究鐘鼎彝器文字，一直到近代，研究古文字的人可說不少，而古文字學却始終不能被稱為一種科學。因為他們脫不了賞鑑古玩的習氣，——古文字的可貴，只是古，——這裡的方法，是神秘的，主觀的，可以任意推想而不需要客觀的標準。

反之，研究文字聲韻訓詁的學者們却大都停滯在那一條路上，許多傳統觀念曾經牢牢的束縛住他們。因古文字的發見，有許多舊觀念必須改正，但舊說是有系統的，改動了一部，就將和另一部分矛盾，而新的學說，——古文字學的系統還沒有建設起來。他們感受到這種痛苦，因而只在歧路上徬徨。

近來學術界有一種風尚，崇信異國人所做的「中國學術研究，而把自己的專門學者看成「東家丘」。

異國人的治學方法，可以欽佩的地方固然狠多，但他們也有所短。即如語言和文字兩方面，語言聲韻是他們所能擅長的，文字訓詁却就不然。有些人瞧見異國人對語言聲韻研究得狠有些成績，就去推崇這一類學問，因之文字學就不被重視，這種觀念是錯誤的。我們要糾正這種錯誤，就得趕快把古文字學的基礎建立起來，使牠成為一種科學。

這一本書，雖然不見得就能建立起古文字學的基礎，但我狠自信，因為我在這上面是曾經殫竭過我的心力，並且此後我還繼續努力，只要因此而引起學者們的興趣去共同研究，那末，這礎石大概不難奠定吧！

上編

一　古文字學的範圍和其歷史

甲　古文字和近代文字的區別

「古文字」這个名稱，最初見於漢書郊祀志所說的張敞好古文字，漢時通常的稱謂，却只是「古文」。因為漢時通行的文字是隸書和小篆，這都是秦併天下以後才興起來的，所以把秦以前的文字，統叫做古文。那時所被稱為古文的，大概可以分做兩類。說文序說：古文孔子壁中書也。這是竹簡上的古文。張敞說：臣愚不足以迹古文。說文序也說：郡國往往於山川得鼎彝，其銘即前代之古文。這都是銅器款識裡的古文。

照一般人的看法，小篆在目前還和古文字對立，所以小篆以前的文字，才能稱為古文字。但是由文字學的眼光看来，小篆已應放在古文字的範圍裡去。從隸書到今隸，雖畧有異同，總是一脉相傳，而小篆却早已不是通行的文字了。雖則小篆的材料還沒有散佚，比古文字容易認識，但不能因此而叫做近代文字，我們只可叫牠做近古文字，因為嚴格地分析起來，牠實是古文字的最後雲仍，只有隸書才是近代文字的開山始祖哩。

乙　古文字的四系

對於古文字的研究，通常用器物來分類，例如：甲骨文字，銅器文字，匋器文字，古鉩文字，貨布文字。這種方法，在蒐集材料時，雖較方便，但於文字的時代不易劃清，同時代的文字不便比較，有些只一兩件器物的文字，更沒處安放。所以做文字學研究時，這種老方法應該放棄，而另用一種新的分類法。

新的分類法，應着眼於時代的區分，和地域的別畫。在現代已發見的古文字裡，我以為應分為四系：

一 殷商系文字，

二 两周系文字，止於春秋末，

三 六國系文字，

四 秦系文字，

這四系中相互的關係雖狠密切，但每一種文字自具牠的特殊性。

殷商文字是已發見的古文字裡最古的一系，

和原始文字較近，但形聲字已很多，一部分的文字已有譌變，像：□變做□，□變做□，□譌成□，□譌成□之類。兩周系文字，形聲字大增，而象形象意字日漸減少，幾等於消滅，文字的譌變則日漸加多。六國系文字，譌變最甚，同時又發現一種新的字體，即後世所謂『鳥蟲書』。秦系文字，大體是承兩周，但因日趨整齊的緣故，錯誤也就不少。

丙　古文字的材料

古文字材料的來源，有兩類，一是古書，一是古器物。古書材料雖多，但除了說文外，大都無從知道文字的時代。所以古文字的研究，應拿古器物做主要的對象。

殷商系文字，以殷虛的龜甲獸骨刻辭為主，有銘詞的銅器次之。在安陽所發掘出来的，還有幾塊寫卜辭而未刻的骨版，和二塊有文字的匋器，圖一此外，天津方氏還藏有一塊小玉。圖二

兩周系文字的材料，以銅器銘詞為主。此外，像考古圖著錄的石磬，和近代發見的土墳，圖三尚不多見。

六國系文字，材料最繁穰。竹簡早已亡佚，現所

存在的，以銅器，（兵器居多）匋器，古鉨，（封泥當附此）貨布（爰金當附此）為主。此外，尚見過一個玉刀柲。圖四一些銀器。圖五

|秦系文字，除銅器外，以刻石為重要材料。權量類文字多複。泉幣不多。鉨印和|漢難別。

|漢以後的銅器，碑刻，印章，凡作小篆或繆篆者，應附入|秦系。

丁　古文字材料的發見和蒐集

在這裡，我不能把古器物發見史很詳細地寫出來。約略地說一下古文字材料的發見和蒐集，可以分做三個時期。

秦以前，許多文字還叫不得「古」，左傳說楚史倚相能讀三墳五典，八索，九邱等書，倚相能讀，而別人不能讀，那末，這種書或許是某種古文字寫成的。經過六國時長期的擾亂，和秦的統一，舊時紛歧的文字，完全消滅，代之而起的，是整齊畫一的小篆，和苟且草率的隸書，因此，才把先秦文字叫做古文字。

漢初正當秦燔書之後，惠帝才除挾書之律，武帝才「開獻書之路」，「建藏書之策，置寫書之官」。那時，孔子宅壁中發見許多古文經，北平侯張蒼獻古文的春秋左氏傳，但這時的學者還沒有注意到古文字，所以這些書只靜靜地藏在祕府裡。一直到宣帝時的張敞，才好古文字。成帝時，劉向校中秘書，才用中古文的易和書來校今文。向子歆，才創議建立左氏春秋，毛詩，逸禮，古文尚書，而敞的外孫杜林是研究小學的先師，他在西州得漆書古文尚書一卷，後來傳給衛宏，古文因而盛行。宏做過詔定古文官書一卷，今亡。

漢世所存的古字書，有史籀十五篇，建武時亡六篇。又倉頡，爰歷，博學三篇，漢時併做一篇，三千三百字。揚雄做訓纂篇，推廣到五千三百四十字。許慎做說文解字的敍，篆文，合以古，籀，共九千三百五十三字，又重一千一百六十三字。魏初傳古文的人，有邯鄲淳，淳有古文尚書的寫本。正始三體石經有尚書和春秋的古文。

晉時，汲縣發見竹書七十五卷，現存的只隸寫的穆天子傳五卷。南齊時，雍州發見竹簡書攷工記，今亡。

漢以後，雖曾發見銅器，像孔悝鼎，尸臣鼎，仲山甫鼎之類，但不多見，所以沒有人去蒐集那種文字。說文序裡雖提鼎彝，却沒有采用一字。總之，從漢到宋初，除了篆籀和竹簡古文外，只有杜撰的古字了。

郭忠恕做汗簡，是這一個時期的結束。

六朝以後，今隸通行，一般人都不知篆籀是什麼東西。唐時人只用說文字林來勘定今隸的字樣，至於篆書，却是書法家所研究的。李陽冰號稱中興篆籀，所藏的有古文孝經和衛宏官書合成一卷，但他所刊正的說文，錯誤很多，所寫的篆書，也很有紕繆。

唐初，汧陽刻石在天興縣發見，當時人稱為『獵碣』，後來又叫做『石鼓』，韋應物，韓愈都有石鼓歌。那時已懂得傳拓的方法，三字春秋石經有拓本十三帋，見韋述西京記石鼓和許多秦刻石也都有拓本。嶧山刻石給野火燒了，有棗木傳刻本。所以唐人講小學，常引到秦刻石。說文「攸」字下有「㳋」，秦刻石嶧山文攸字如此」的話，和說文詞例不合，也是唐時校說文的人所附記。「也」下說：「芈，秦刻石也字」，亦後加。

宋初，徐鉉摹寫嶧山刻石和會稽刻石前有宋鄭文寶刻本，後有杭申屠駉刻本。又校正說文鉉弟鍇先已做說文繫傳。可以說後世古文字研究的先驅。其後又發見了詛楚文，初得大沈湫文於郊，又得巫咸文於渭，最後得亞駝文於洛。見廣川書跋共三石。

開收藏古器物的風氣的人是劉敞，而首先集錄古器物和石刻銘拓的人是歐陽脩。敞輯所得十一器做先秦古器記，原是石刻，器形銘釋均完備。歐陽脩把銘和釋全收在集古錄裡。那時識古文字的人有楊南仲，歐陽修常請教他，秦公鐘的銘是由他所刊的石本而傳佈的。

那時刻法帖的風氣很盛，所以銅器款識很多石本。繼劉歐而起的，有呂大臨的考古圖和趙明誠的金石錄，後來分成兩派。講金石的一派，總是石多於金，和古文字的關係較少。考古一派，專講古器物，後来有王黼等所編的博古圖錄，和南宋時佚名氏的續考古圖，而王俅所做的嘯堂集古錄却只收銘文。

薛尚功鐘鼎彝器款識原是石刻的法帖，所收的銘文較多。王厚之鐘鼎款識號為原拓，其實所輯的也大抵是石本。

因為古器物學發展的緣故，就有輯錄古文字的書。夏竦的古文四聲韵，是拿汗簡来分韻編次的，已添了一些鐘鼎文字。到趙九成做考古圖釋文，也是用韵編次。以後像王楚的鐘鼎篆韻，薛尚功的廣鐘鼎篆韻，楊鉤的增廣鐘鼎篆韻一類的書，層見疊出，從元而明，而清，輾轉摹寫，書名愈多，但材料還是這一些。

古器物發現最盛的時期是北宋末年，南渡以後，中原陷於寇虜，古器物就不再發現。元明兩代，對古學都很疏，即有發現，也無人注意。一直到清汪立名輯鐘鼎字源，這是第二個時期。

元明時，所發現的銅器，很有遺留下來，像白吉父盤，就是一例。這種古物，大抵都歸內府。清乾隆時，內府所藏很多，那時又常有新出土的古物，因是，高宗教編西清古鑑、寧壽鑑古、西清續鑑甲編、乙編等書。

西清四鑑裡、當時所印行的、只有古鑑、而且流布也不廣。嘉慶以後、私家的收藏日多、錢坫做了一部十六長樂堂古器款識、也很少傳布。煽動一時風氣的書、就是時代較後的積古齋鐘鼎款識、因為阮元是當時的經學大師、他用銅器銘識來講經学和小學、而且書裡所輯的材料也豐富、這種種都勝錢書、所以後來這一門學問的發展、是不能不歸功於他的。阮氏還重刊宋代薛王兩款識。

西清四鑑的編製，取法於博古圖，阮氏款識則取法於薛氏，繼錢阮而起的，有曹載奎的懷米山房吉金圖和劉喜海的清愛堂彝器款識法帖，則又取法於先秦古器記。後來吳榮光的筠清館金文，吳式芬的攈古録金文，都和阮書畧同，而攈古最善。吳雲的兩罍軒彝器圖釋，潘祖蔭的攀古樓彝器款識，吳大澂的恆軒所見所藏吉金録，劉喜海的長安獲古編等，都和曹書相似，但俱改用鏤板。劉心源的奇觚室吉金文述，開始采用石印，端方的匋齋吉金録繼之。有些較早的書，像朱善旂的敬吾心室彝器款識徐同柏的從古堂款識學、吳大澂的愙齋集古錄、陳介祺的簠齋吉金錄鄧實輯本，不全。也都陸續印行。盛昱的鬱華閣金文，和方濬益的綴遺齋彝器考釋，卻始終沒有印行的機會。

漢書食貨志裡說到周景王的大錢，叫做「寶貨」，這大概是賹化的誤釋，圖六但可知古貨幣在那時已有發現。梁顧烜始做泉譜，但現在存在的古譜，沒有洪遵泉志更早了。古印的蒐集，則始自宋徽宗的宣和印譜，但宋人譜錄，現今只有王厚之的漢晉印章圖譜、和王俅的嘯堂集古錄前者見說郛，凡九十二印。後者僅三十六印。而用原印拓集者，以明顧氏集古印譜為最早。

錢幣和古印，元明以後，常有人去蒐集。清高宗時的西清古鑑附有錢錄，後來又輯金薤留珍，那時私家譜錄也很多，只是不像銅器銘文的和經傳有關，所以研究的人較少。

道咸以後，新發現的古物很多，像：古鉨，封泥，匋器，空首布等，[四七]一般收藏家，兼收並蓄，不只拘拘於銅器了。收藏最富的，是陳介祺。可惜除了十鐘山房印舉，和他與吳式芬同輯的封泥攷略以外，許多材料都還不能整理出來。那時的印譜，不下百種。最著名的，有高慶齡的齊魯古印攗，郭申堂的續齊魯古印攈，吳大澂的十六金符齋印譜，吳式芬的雙虞壺齋印譜等。彙集泉幣的書，則以李佐賢的古泉滙為最完備。

光緒二十五——六年，甲骨在河南安陽出土，第一个收藏家是王懿榮。王氏死在二十七年義和拳之乱，所藏歸劉鶚。

近年来考古學的發展，應歸功於劉鉄雲和羅振玉。劉氏輯鉄雲藏龜，鉄雲藏匋，附封泥。鉄雲藏印等書。本尚欲輯藏錢，但未成。羅氏收藏更富，所輯有殷虛書契，殷虛書契後編，殷虛書契菁華，殷虛書契續編，夢鄣艸堂吉金圖，殷文存，貞松堂集古遺文，磬室所藏鉩印，赫連泉館古印存，齊魯封泥集存，秦金石刻辭等。

甲骨的收藏，以羅氏為最富。近時則中央研究院發掘安陽，據云所得有五千片。此外已印行的材料，有：明義士的殷虛卜辭，林泰輔的龜甲獸骨文字，王襄的簠室殷契徵文，王國維的戩壽堂殷虛文字，葉玉森的鐵雲藏龜拾遺，容庚的殷契卜辭，商承祚的殷契佚存等。正預備印行的，有：北京大學所藏甲骨刻辭，明義士新獲甲骨，和馬衡劉體智二氏的所藏。

近時收藏家以劉體智為最，有善齋吉金錄和善齋鉨印錄。陳寶琛有澂秋館吉金圖，澂秋館藏印，澂秋館藏封泥等輯，吳隱有遯庵古匋存，和遯庵秦漢印選；太田孝太郎有夢庵藏匋，夢庵藏印，楓園集古印譜，周進有周氏藏匋，周氏古鉨印景，所收藏的範圍也都廣泛。吳隱尚有遯庵古泉存一種。

收集金文拓本的書，像：鄒安的周金文存，容庚的秦漢金文錄，都很豐富，但鄒書偽器很多。清宮銅器極多，已印行的，有容庚的寶蘊樓，武英殿兩彝器圖錄。此外，蒐集銅器的書籍，有容庚的頌齋吉金圖録，于省吾的雙劍誃吉金圖録，商承祚的十二家吉金圖録等。蒐集匋器的書，有溥儒的寒玉堂匋文，山東圖書館的鄒滕古匋文字等。關於貨幣的，有方若的藥雨古化雜詠。關於鉨印，有陳漢第的伏廬藏印，黄質的濱虹集古印存，和濱虹艸堂藏古鉨印，而專輯古鉨的書，有黄濬的尊古齋古鉨集林，輯封泥的，有周明泰的續封泥攷畧。

石刻方面，近有三體石經和袁安袁敞等碑的出土。洛陽刻石最近發現了兩個最善的宋拓，泰山刻石也得到了宋拓。

乾嘉以後研究說文的風氣很盛。最負盛名的，有段玉裁，桂馥，嚴可均，王筠。桂馥做了繆篆分韻，同時，袁日省和謝景卿也做了漢印分韻和續集，開始搜集印章文字。嚴可均做說文翼，開始用彝器文字來補說文，莊述祖也做了說文古籀疏證，但這兩書遲未印行。直到吳大澂采集彝器，鉨印，匋器，化貨幣和石鼓的文字，來做說文古籀補，才開了近世蒐集古文字的風氣。後來，丁佛言又做了說文古籀補補。日人高田忠周有朝陽閣字鑑，古籀篇等，極蕪雜。

羅振玉主張匋器，鉨印，化貨幣等的文字，各有系統，不應和彝器文字混在一起，所以他的弟子商承祚，編殷虛文字類編，此書用羅氏殷虛書契考釋改編。和石刻篆文編，未印行。容庚編金文編，和秦漢金文編，未印行。他的兒子羅福頤編璽印文字徵，都只限於一部分。此外，關于甲骨文字，還有王襄的簠室殷契類纂，朱芳圃的甲骨學文字編，和孫海波的甲骨文編。

這百年內材料出土的豐富，漢以來所未曾有。古物的采集，由自然發現和盜掘，而到科學的發掘。古文字的蒐輯，也已由好奇崇古的心理，轉向到學術的研究了。這是第三個時期。

戊　古文字學略史

文字雖用以代表語言，但牠有牠自己的形體。因為文字的形體，跟着時代而變遷，又因為語言的變遷，常是影響到文字，使牠們的意義和形體隔離，因是每個文字的本意和歷史，狠難清楚，所以我們需要文字學。

文字學的萌芽，大概在春秋時。爾雅據說是周初所作，史籀篇據說是宣王時作，但解說文字的風氣，實起於左傳。宣公十二年傳，楚莊王說：「夫文止戈為武。」又十五年傳，伯宗說：說文反正為乏。昭元年傳，醫和說：

於「文皿蟲爲蠱。」這都是後來所謂「會意」字。而經傳裡常見的聲訓，像「乾健也，」「坤順也，」「仁人也，」「誼宜也」之類，也都起在春秋以後。

周禮保氏有「六書」。周禮是戰國時人所作。那時人好說倉頡作書，韓子五蠹說「倉頡之作書也，自環者謂之私，（案本當作厶。）背私謂之公。」後來李斯所集字書，就叫做倉頡篇。據說文敍，「秦書有八體，一曰大篆，二曰小篆，三曰刻符，四曰蟲書，圖八五曰摹印，六曰署書，七曰殳書，八曰隸書。」而倉頡篇所書，實是小篆。

漢興，通行的字書，是合併了爰歷博學的倉頡篇。後来分成兩派：一派是摹仿倉頡篇而做字書，像司馬相如的凡將篇，史游的急就篇，李長的元尚篇，到平帝時，徵爰禮等百餘人，說文字未央廷中，「揚雄取其有用者，以作訓纂篇，順續倉頡」。另一派是解說倉頡篇的字義。當宣帝時，因「蒼頡多古字，俗師失其讀。徵齊人能正讀者，張敞從受之」。敞傳子吉，「傳敞的外孫杜鄴，鄴傳子林和張吉子竦。林的「正文字過於鄴竦」，他做了倉頡故，所以漢書說「世言小學由杜公」。

因張敞的好古文字，學者們都受了影響。其後，劉向劉歆校中秘書，那裡面有壁中古文經，和張蒼所獻左傳。于是劉歆提倡古文學不遺餘力。歆子棻從揚雄學奇字，而言小學的杜林，寶藏着漆書古文尚書，可以看出古文字和古文經學的關係密切了。

歆附王莽，莽也好古，所以平帝時有徵天下通知逸經，古記，天文，厤算，鐘律，小學，史篇，方術，本草及以五經，論語，孝經，尒疋教授者，數千人的舉動。到莽居攝，使甄豐等校文書之部，頗改定古文。其時有六書，一曰古文，二曰奇字，三曰篆書，四曰左書，五曰繆篆，六曰鳥蟲書。所謂古文，就是壁中書。

因古文經學的發展，影響及古文字方面者，有二事。一是古文字和今字的對照。藝文志有古今字一卷（張揖的古今字詁，疑即本此。）衛宏的詔定古文官書，尤為著名。一是關于文字構成的理論的創立。藝文志解釋『六書』，以為是『象形，象事，象意，象聲，轉注，假借。』鄭衆注周禮，許慎做說文，所說都差不多。藝文志大概本諸劉歆七略，鄭衆是鄭興子，許慎是賈護的再傳弟子，而鄭興和賈護，同是劉歆的弟子，那末，這三說實出一原。

那時，一班俗儒，却竭力反對古文經學和古文字。因為漢時隸書盛行，倉頡也改用隸寫，圖九所以他們就以隸書為倉頡時書，而攻擊古文經學家是好奇。他們競逐說字解經，於是偽造出許多讖緯來抵抗古文經學和古文字。假造符命，由王莽起，甄豐劉歆等大概都有分。那附會成孔子。說的，都是今文經家。因那時揚雄劉歆等太博學了，眼看得古文經學要壓倒一切，一班無名的今文學家，只得雜取天文、厤算、鐘律、小學，來撰各讖緯，加入符命，以取信於時人。他們是打算假託孔子來壓倒古文經的。他們的解釋文字，只根據隸書，像：春秋元命包所說的「乙力於土為地」，「刑之字刀守井」，「春秋考異郵所說「虫之為言屈中」，「春秋說題辭所說「一大為天」，都是。古文經家是輕視讖緯的，所以說文解字出來後，這種文字說的大部分，就全消滅了。

東漢時，班固續楊雄訓纂作十三章。王育替殘本史籀篇作解說。許慎才以蒼頡訓纂等篇裡小篆為主，而補以竹簡古文和史籀篇，做成他的偉著。這是完全基於六書說而作的。他又創立出分部的方法來統攝這一萬多字，部和部之間，字和字之間，也都有次序。這是有理論又有條例的著作，所以一直到現在，一般文字學者，還不能脫離牠的羈束。

許慎以後，文字學析成兩派。倉雅派裡，因賈魴的做滂喜篇，合倉頡訓纂稱為三倉。魏張揖又做埤倉、廣雅、古今字詁等書。自犍爲舍人李巡孫炎等注了爾雅，晉郭璞有爾雅注和三倉解詁兩書。說文派裏，有晉呂忱的字林，和梁顧野王的玉篇。六朝時又有說文音隱。但這兩派學者，都沒有什麼建樹，只是搜集材料和隨文詮釋而已。

唐人重韵書，在形體方面，雖說要「試說文字林」，大概是例行公事了。流俗所通行的是真楷，所謂小學書，只是糾正楷體之錯誤。上面所說的兩派字書，差不多都絕迹了。

宋世說文學復興，但離古已遠。像張有復古編還只是糾正楷書。王安石作字說，想把會意來解釋一切文字，但是失敗了。王聖美創右文說，雖稍可通後世文字，可無法解釋文字的起原。到宋元之際，學者喜歡講六書。像鄭樵的通志六書略，戴侗的六書故，周伯琦的六書正譌一類的書很多，可是轉注段借各自為說，六書條例已無法明瞭了。

自宋人開辨釋彝器文字，到清時因說文之學的二次復興，學者漸注意到這一方面。段玉裁已用金文的「佽勒」來釋詩，他說：「許氏以後，三代器銘之見者日益多，學者摩挲研究，可以通古六書之條例理，為六經輔翼。嚴可均做說文翼，想拿金文來補說文，許瀚王筠常用金文和說文裡的字體比較。

莊述祖想利用彝器文字來，建設出一個古籀系統，以代替說文的小篆系統，可是沒有成功。吳大澂雖沒有建設系統的雄心，卻頗具卓殊的見解。他所著字說，利用他所蒐輯得來的繁博而且精確的材料來辨正文字，像「寧王」「寧考」「前寧人」「寧武」的解釋，可說二千年來所未有。只是他的文字學根底不很深，常有些肊說，像「出」字的作足形，就說「反」字也應從足之類，不免為白圭之玷。

和他同時的孫詒讓，却最能運用六書的條例，可以說是許慎以後第一人。他所著的古籀拾遺古籀餘論，掃除往時金文家隨便推測的習氣，而完全用分析偏旁的方法。後来又做契文舉例和名原二書。雖則因甲骨材料，那時所出不多，不免錯誤。但他所懸的以商周文字展轉變易之迹，上推書契之初軌。的目的，却頗有一部分的成功。

繼孫氏之後，研究甲骨文字的人，是羅振玉和王國維，羅氏撤始的功績，是不可没的。但對於文字的認識，還是好用推測，開後来葉玉森輩妄説文字的惡例。汪氏釋字較謹慎，只是他的極大的貢獻，實在在古史學方面。

從春秋至漢，是古文字學的𢫬始時期。許慎是這時期中間的成功者。只可惜他受經學的影響太深，所見古文字的材料太少，並且都是近古的，所以沒有極大的成就。自漢至清初，可以說是衰落時期。清乾嘉以後到現在，則是復興時期。這裡的先驅，是吳大澂和孫詒讓，吳氏較疏於孫氏，而孫氏頗拘牽於經學，泥迹於六書之說。所以要求大成，還有待於將來之士。

二　文字的起原和其演變

甲　原始時代的中國語言的推測

近世語言學家推測語言的起源，有摹仿聲音說、情感刺激說、和經驗說等，雖都有相當的根據，但就中國語言看來，似乎還不很完密，因為在全部語言裡，有些地方還不能說明。

由情感的刺戟而發生的語言，應分析為兩種，一種是情感的種類，像「愛」和「惡」，一種是刺戟的强弱，像「大」和「小」，因為人類語言和動物的呼聲，本只有程度的差殊，所以原始人類所能作的簡單和含糊的訴聲，也不過代表由飢寒困苦，或飽暖勝利等的刺戟所引起的情感，和别種動物一樣。但因外來的刺戟的强弱不同，發音也有殊異，廣大宏壯，有發皇的聲音，細小窅邈，有幽闕的聲音。這兩種後來都變成語言。「愛」「惡」一類，直到現在，還有大部分是元音，可見這是最早發達的。「大」「小」一類，大概較遲，因為必須憑藉輔音，才能成為語言。

輔音的發達，大抵由於摹仿。當人類聽見自然界的各種聲音，像水聲的潺湲，雷聲的劈歷，玉聲的丁東，金聲的鏗鎗，羊鳴的芈，鹿鳴的呦，鳥鳴的即足，蟲鳴的蟋蟀之類，就像鸚鵡一般地去摹仿，這種由摹仿得来的聲音，和原始的簡單聲音相结合，就變成完整的語言。

語言雖已完備，但許多實物的稱謂，却還沒有，這大概是古代人民所最感到困難的。除了一小部分的實物，可以摹聲外，大都是無聲可仿，因此他們只好假借一部分的品性，来代表那實物的全體。例如頭頂上是天，他們就拿「頂」的聲音来代表「天」，絪縕紛亂的，是煙，他們就把「絪」的聲音来代表「煙」。於是不論那一樣實物，都可以變成語言了。但是這一類的語言，是可以人各立法的。甲可以說「日」，因為是「實」的緣故，乙却因「燙」的緣故，而叫做「昜」。這種紛歧的名稱，後來漸漸地統一了，這裡大概有兩層原因，第一，那時代的人類，大概已經懂得用肢體來描寫出萬物的形狀，第二，人類漸漸過社會的生活，所以個人的歧異減少了。

還有一部分的語言，是人類的智慧發達以後，才產生的。像「方」「圓」和「一」「二」「三」「四」等的分析。還有一部分是語言繁複以後才起來的，像發語辭的「隹」、和「雩」，問語的「不」。這種語言的增加，使語言愈加複雜。在那時，輔助語言的文字，也已從原始的圖形，漸變於完備了。

乙　中國文字的起源上

說到中國文字的起源，一般人就會把八卦和結繩提出來。八卦究竟起源在什麼時代，我們還不能明悉銅器裡有刻☷形的卣，（嘯堂集古錄卅二葉）和卦象相似，或者是商代的遺物。筮字從巫，那末易卦是巫的事業，巫在殷世極盛，所以我們可說八卦是殷或殷以前遺留下來的。但八卦的起源，縱使很古，和文字却漠不相干。卦爻的本質，只是一和一，用以象徵陽和陰。至於疊三爻而成八卦，疊六爻而成六十四卦，僅是一種數術的把戲而已。至多說一和數目的一相同，而照思想產生的程序，一字決不在卦爻之後。（有人以為☵即水字，巛即☷卦字，都是附會。）至於結繩，更毫無關係。固然有些近乎原始的部落裡，用結繩來助記憶，和一字的效用相似。但古代中國是否有過結繩而治的時期，結繩是否發生在文字之前，都是無法證明的。

有些泥古的學人，很相信文字是倉頡造的，和普通人以為孔子造的一樣。其實最初的文字，決不是一手一足之烈，而純粹是由自然發生的。當我們的祖先，才會用肢體來描寫一種物形的時候，他們對於物的觀察，還不很正確，描寫的技術也很笨拙。經過長時期的訓練後，才能把各個物體畫得逼真。當一個巨象的圖画完成後，瞧見畫的人，不約而同的喊了出來，象，於是「象」這個字，在中國語言裡就成了「形象」「想象」「象致」「象似」等語的語根。韓非說：「人希見生象，而按其圖以想其生，故諸人之所以意想者皆謂之象。」按韓非說非是。商周以前，中國尚有象，非難見。當其他物體也都描寫得肖似後，一見圖就能叫出牠們的名字，於是語言和圖形就結合起來而成為文字了。

至於文字學者們所熱烈維持的一種古老的

見解，——有一種「指事」文字，或「象事」，發生在圖形文字之前，或同時。——這是大可不必的。像「二」「一」這類字，古人以為「指事」，其實只是「象意」。「一」「二」和「方」「圓」，雖沒有實物，但在文字發生時，人們早已有這種觀念，而且有代表這種觀念的實物。例如計數的算子，方形的匡，圓形的環。所以這些文字，還是圖形，而並不是代表抽象的意義。

但有些學者，卻以為在原始文字裏，有一種形的標準。這不是說後世文字裡的偏旁，而是指構成文字的最簡的單形，象·一丨丿乀一類。這種意見，也是錯誤的。我們所知道的古文字，決不是類似幾何畫的東西。牠們只是整個的圖形，既無從規定筆畫的數目，也不能規定點畫的姿態。例如○的作⊙，中間的一點，只是補空。王字象一根繩子穿起三塊玉。立字象人站在地上。那末一點一畫，都不是一個單形。在古文字裡，是找不出這種標準符號來的，那只是學者間的一種幻想罷了。

原始文字，只有圖形，是無可疑的。由各實物的圖形裡，用種種技巧來表現出更繁複的意義，於是有象意字的出現，文字的數目，因而有大量的增加。這種演進，當然又要需要很長的時間。

丙　中國文字的起源　下

說到文字起源的時期，除了無條件接受"黃帝之史倉頡初造書契"的說法的一班人外，有些人卻常懷有文字發生於商世，或離商世不遠的見解，因為他們目前所能見到的古文字，只有商代的甲骨和彝器，而這種文字裡還保留着一部圖象。但這種見解是膚淺的，甚至是錯誤的。

文字的發源是很古的。在西歐的文化史裡，我們知道舊石器時代的原始人類，已有許多很精巧的壁畫或線刻，象：牛、豬、馬、鹿和巨象之類，由這種圖形的進化，就變成蘇馬連 Sumeria 和埃及的原始文字。中國的先史期文化的研究，現在雖還不很發展，但至少已知道在若干萬年以前，已有了原始人了。安特生在甘肅考古記裏把一些骨板上所刻的記號，疑為文字。其實他所搜集的『辛店期』陶甕上，卻確有文字雜置在圖案中間，不過他以為是花紋罷了。

這一個意見，我在殷契佚存的序文裏，已經提出，現在再把這種圖形，和商周文字比較，如下：

安特生以為馬形，似不確。

此即犬字，甲骨文作[illegible]，如改正畫，當作[illegible]，與此最近似，用[illegible]形來表現出耳及口形，尤其是共

具的特點。

此為鳥形，雖不知是何鳥，然金文雋父癸爵之雋字作其鳥形也有兩足，可互證。

此人形與等字相近，但有衣裳為異。

此輪形，和甲骨及金文的車輪作⊕形相近。

匋甗上還有一個羊形，惜未繪全。只見其身部作形。疑即莧之本字。莧是原羊，變作，又變作，史頌𣪘灋字從此。

由這種比較上，可以知道這是同系統的文字。只是“辛店期”較商周為近於原始。要把那時的文字弄清楚，當然得希望更多的材料的發見。“辛店期”的絕對年代，還不能證明。據安特生甘肅考古記的假定，大概在去今四千五百年左右。

殷商系的文字，圖形已極簡單。四足省作兩足，肥筆概用雙鉤，或省為瘦筆，正畫的物像，改為側寫，以適應整篇文辭的書寫，此類徵象，已可證明這是很發達的文字。而尤其重要的，則是象形象意的文字日就衰歇，而形聲文字興起。這種變動，至遲起於殷初，或許更可推上幾百年。在這種變動以前，是象形象意文字時期，更前則是象形發展到象意文字的時期。

所以我們在文字學的立場上，假定中國的象形文字，至少已有一萬年以上的歷史，象形象意文字的完備，至遲也在五—六千年以前，（孔誕前三千五百—弍千五百年。）而形聲文字的發軔，至遲在三千五百年前。（孔誕前一千年。）這種假定，決不是夸飾。

我們的上古史，目前雖尚模糊不明，但有許多理由，可以說從孔誕前一千五百年左右，—即夏初起，已有了歷史的記載。（甲骨刻辭裏所載的商湯以前的先公先王，正當夏世，是第一個理由。彝器刻辭和古書裏記載禹的功績，是第二個理由。古本山海經所講故事，止於夏時，是第三個理由。神話止於后羿，而最詳細的記載，卻起自后羿，是第四個理由。古本紀年和世本，史記，有夏的世系，年數，史事，是第五個理由。孔子稱述堯，舜和禹，孟子追數堯舜到孔子的年數，是第六個理由。虞書雖個人編集，但也有些根據，是第七個理由。）這種記載，當然是文字十分完備後才産生的。

在這種記載裡，可以追述前數百年的傳說，所以夏以前的兩昊諸帝的歷史，或神話，正像舊約裡的古史一樣，決不是完全子虛的。据左傳說，太昊氏的官名用龍，少昊用鳥，黄帝用雲，炎帝用火，共工用水。而少昊的官，有爽鳩氏，所居的都邑，就是後来的齊，可以證明這種傳說是有根据的。那末，這種官名的本身，恐怕都是些圖形文字。爽鳩氏只畫一個爽鳩，玄鳥氏只畫一個玄鳥。現在的名字，是後人用近代文字来轉譯的。

如果我的假定不錯，那末，夏初的文字，和商周決不相同，因為那是純用象形象意文字的時期。以古代文字變化的劇烈，周時人對商時文字已多誤認，何況夏初。楚史倚相能讀三墳，五典，八索，九邱之書，可知別人不能讀。但就虞夏書多謬誤一層看來，周時認識古文字的學者，正不亞於漢代的經生。山海經裡有好些地名，和周以後的古書歧異，恐怕也由於傳譯的關係。

總之，由上古史的研究，我們也可說在孔誕前二千年以前，已有了完備的文字。這種較古的文字的應用，一直到夏商之際，才逐漸衰落，而形聲文字代興。這種結論，和研究文字學所得是一致的。

丁　上古文字的構成

由原始文字演化成近代文字的過程裡，細密地分析起來，有三個時期。由繪画到象形文字的完成，是原始期。由象意文字的興起到完成，是上古期。由形聲文字的興起到完成，是近古期。

往時，一般人受許氏說文解字的拘束，以為五百四十部的部首，就是原始文字。用字形來講的，例如周伯琦的說文字原。用字聲來講的，例如章炳麟的文始。但部首中像「蓐」「犛」等字，很清楚地只是形聲文字。許氏說：「倉頡之初作書，蓋依類象形，故謂之文。其後，形聲相益，故謂之字。」本沒有把形聲當做原始文字。他所以把形聲字的「蓐」和「犛」，與象形字的「屮」和「斗」同列，只是他的分類法的缺點。因為他所分的部首有形聲字，就以為形聲也是原始文字，那只是後人的過失。

現有的古文字材料，幾乎全是近古期的，所以我們要研究上古文字，因缺少直接材料而感到困難。但在近古期裡的較早部分，——殷商系的全部，和兩周系的早期，——離上古期還不遠，我們做那種研究時，還可以看出上古文字的大概。在近古期裡，時代愈早，象形象意的文字愈多，而形聲文字絕少，時代一遲，就成為反比例。這種說法，顯示着形聲文字是後起的，在上古文字裡，只有象形和象意。

關於文字構成的說法，舊時只有六書，這種學說，發源於應用六國文字和小篆的時代，本是依據當時文字所作的解釋。這種解釋，並不像往昔學者們所想的完善，而只是狠粗疏的。但這樣粗疏的解釋，竟支配了二千多年的文字學，而且大部分學者還都不懂得六書的真義。

有些學者也嘗把文字精密地分析過，但他們不能把這種傳統的觀念打破，所以儘管列出象形兼指事，會意兼指事，形聲兼指事一類瑣碎的條目，或更巧立些別的名稱，關於文字的怎樣構成，還是講不明白。

學者們常以為指事在象形前，是在上古突然產生的純文字，我在上面已說過文字是由圖畫逐漸變成的，上古文字只是從形符發展成意符，決不會先有意符，尤其不會先有形意俱備的文字，而後來又分做純形符，或純意符，所以指事這个名目，只前人因一部分文字無法解釋而立的。其實這種文字，大都是象形，或象意，在文字史上，根本就沒有發生過指事文字。這種說法，當然要招致守舊的先生們的譏議，但這是事實。

文字的起原是圖畫，而牠的演變，大都是語言所促成的。當許多簡單圖形和語言結合而成為文字的時候，所謂文字只是些實物的形狀，所代表的語言，也只是實物的名字，所以我們把這種單文字叫做『名』，『名』是最妥當不過的。

但僅僅幾個實名，當然是不夠代表語言的。因為實名在文字裡雖是最先發生，而在語言裡却是最遲，所以當象形文字發展的時候，實名以外的語言，早已豐富而且完備。這大部分的語言，不是象形文字所能代表的。但這時人們的智慧發展得很迅速，所以不知不覺地產生出三種方法。

「分化」的方法，是把物形更換位置，改易形態，或采用兩个以上的單形，組成較複雜的新文字。例如象人形的「人」字，倒寫了是「匕」字，揚起兩手是「丮」字，兩個人相隨是「从」字，人荷戈是「戍」字之類。由這種方法，常把一个象形文字，化成很多的象意文字。「物相雜謂之文，這種文字是很複襍的，我們不妨叫牠做「文」。

除了在形體上分化外，還有兩種重要的方法。「引申」是文字的意義的延展，例如「日」字是象形，在語言裡，却可用作「今日」的意義。「假借」是文字的聲音的借用，例如「羽」字是象形，借來代表語言裡翌日的「翌」聲。如果我們把「引申」誼叫做「象語」，那末，「假借」來的字聲該叫做「象聲」。但「象語」和「象聲」，都是本無其字，所以那時的文字，只有象形和象意。

形的「分化」，「義」的「引申」，「聲」的「假借」，是文字演變的三條大路。象意文字發生後，文字依然在演變。可是由象意字分化出来的，並沒有新體的文字，而還是象意字。這種字的數量，常有增加，但受了形體的拘束，還是不能代表那時大部分的語言，於是引申假借兩種方法用的愈多了。

在上古期裡最晚的一個時代，語言已經異常複雜，文字受了語言的影響，弄得非常混亂。一個文字，常代表了很多的語言，——有的是象語，有的是象聲，——單看他的形式或意，已是不知所云了。這種現象很像因文字缺少而起，但事實上正相反。那時的文字，實是過於繁多了，而且因象形象意的緣故，文字

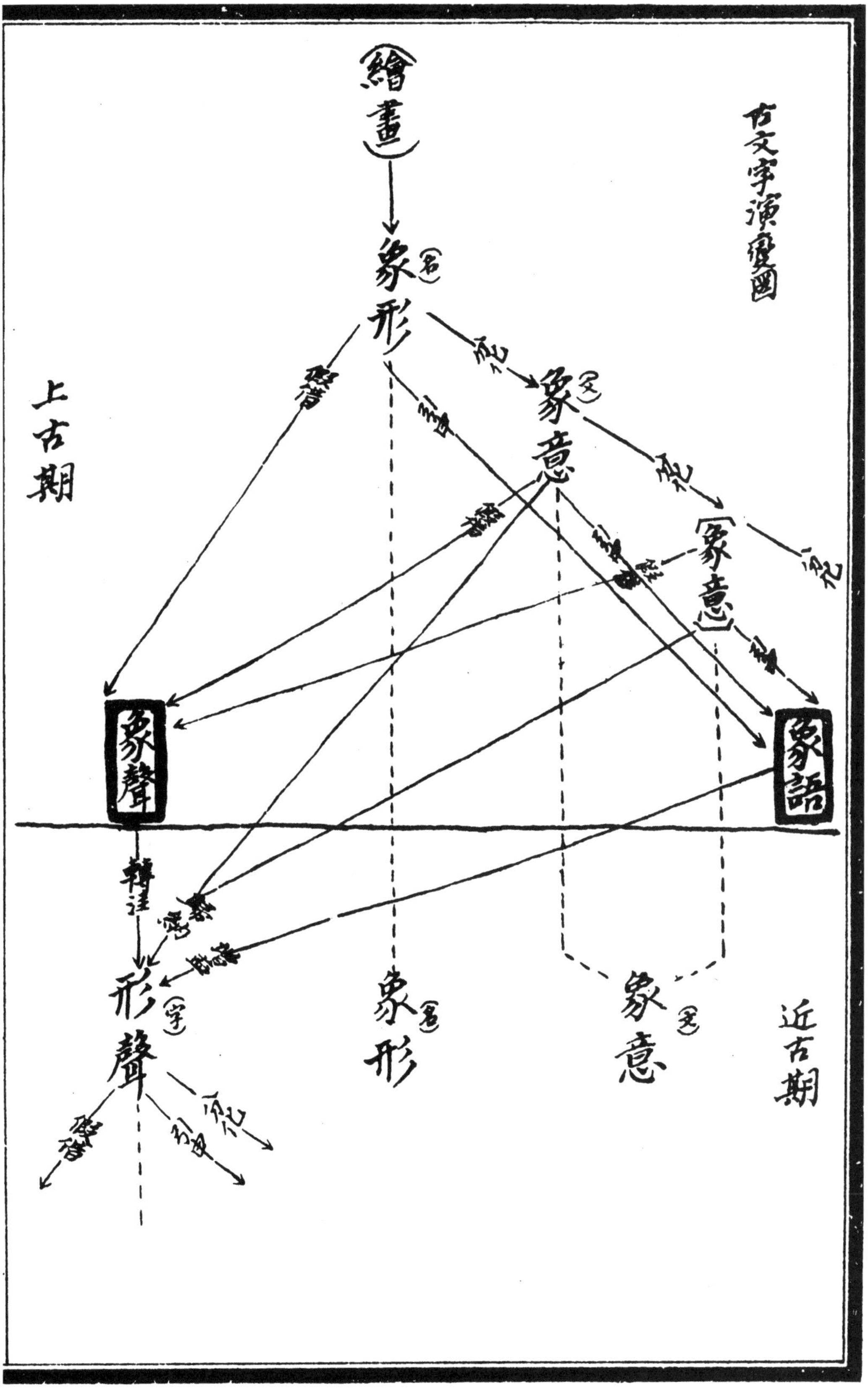
古文字演變圖
繪畫
象形（名）
象意（文）
（象意）
上古期
象聲
象語
轉注
形聲（字）
象形（名）
象意（文）
近古期

的筆畫本来異常繁賾，後来因時代的需要，漸趨簡單，原来的形意，就看不見了。因筆畫簡單，有些形體便起了混乱，例如日字可以代表口，也可以代表山盧之類。這實是用繪畫方法的文字的窮途末路，於是有一種新的技巧，以聲音為主體的新文字起来了。這是近古期的形聲文字。參看前後葉古文字演變圖。

戊　象形文字

文字的起源是繪畫，上面已說得很詳細了。那末，學者間所謂『文字畫』這个名稱，實在是不需要的。假如把近乎圖畫的文字，屏除在真正文字之外，那無異於把石器時代的人類，屏除在真正人類之外。因為許多銅器的文字大都是近於圖形的，一部分甲骨文字也是如此；在這裡面要區別文字與文字畫的界限，實在只有已認識和未被認識而已。

因文字是由繪畫起的，所以愈早的象形和象意字，愈和繪畫相近，而且一直到形聲字開始發達的時候，許多圖形還沒有改變，我們根據這一部分材料，可以發見許多文字的原来的意義。

象形文字的所象，是實物的形，那末只要形似某物，就完成了牠的目的，至於用什麼方法来達到這種目的，那就不用管了。例如：把字畫作（上父乙觶，下觥鼎）這是填實和鉤廓的不同。把①畫作①（上伯魚卣，下嘯堂集古錄魚鼎原作鮮鼎）這是線和點的不同。把①畫作①，這是正和側的不同。把①畫作②，省了兩腳，這是繁簡的不同，因書寫的方便，又有橫直的不同。但無論怎樣地歧異，總可以讓人一見就明白，這是龜，這是魚，這是人形，這是犬形。無論用那一種技巧畫成，總還是象形字。

為研究的方便，我們可以把象形字分做三類：一是屬於人身的形，可以叫做「象身」。二是自然界一切生物和非生物的形，可以叫做"象物"。三是人類的智慧的産物，可以叫做"象工"。

假如要把這三類的文字完全寫出來，在這本書裡還做不到。因為本書意在發凡舉例，不能說的太詳。而且我們所見的材料，都是近古期的，大部分的象形字已脱離了原始型式，驟然見了，還不知道象的是什麼。例如：冈字，我們如其没有看見寫作𠙵的形狀，就決想不出牠是象屍殼形的。（𠙵字見父辛尊。）依這種詳細的、研究，這裡只好闕略，留在著者所計劃的《名始》一書裡發表。

在後邊畧舉幾個象形字來做例證。

(一)象身　除了用和，象整個人形外，還有些部位的象形。

　殷虛書契前編六卷七葉一片，舊闕釋。今按是首形。

　又為手形，但已不是原始型式。

　𡨦鼎，舊闕釋。今按是足字，象足形；甲骨作同，但都不是原始型式。

　耳卣，舊闕釋。今按是耳形。

　龜甲獸骨文字一卷十一葉十七片。

關於人身的部分，只有異變的頭和手足等形，畧見混亂。

(二)象物

前編四卷四四葉五片、此虎形、已非原始型式。

中央研究院所得殷虛骨版。

已酸、舊闕釋。今按乃彖形。

象且辛鼎。

犬豕匕辛殷。

馬伐

鐵雲藏龜一九三葉三片。

亞兕尊、舊闕釋。今按是兕形。

中央研究院所得骨版。此象猴形、舊釋猴、今按乃夒字。

父癸爵。鳥形尚多、今舉此為例。

龍爵，舊闕釋。今按象龍形，但已非純原始形式。

殷續上二十八葉六片。舊釋蠶誤。今按乃字的原始型式，本象蛇形，和變做的例同。

萬爵象蠆形。

弔黽簋。

孚巳簋。

生物的象形字，以動物為最多，因為這是上古時人最先描寫的。

金文神字所從日字如此。

父己觚字所從月形。

水形。

大形。

父乙尊。

甲骨習見此字，舊闕釋。今按是石之本字。

少字、本象沙形。

(三)象工

父字從此象斧形。

亞且辛父庚鼎。

宅毁。此毋字，象盾形。

鼎。

父癸卣爵字從此。

凡字象盤形。

父丁斝。象宁形。

匕父己毁。象箕形。

後編下三六葉五片。象簟形。舊釋席誤，今按是卣字。

後編下八葉十二片。

卯父毀。

示敦爵。舊闕釋，今按，是丁[3]之原始形。

孛爵。象桎梏之形。

一
象數目之形。上古時，或用刻契，或用數籌，此即象其形。舊以為指事字，其實非是。

這裡所寫的，雖只是一個概畧，但由此已可看出上古期象形文字和繪畫的關係。一般人把文字認為是狠方整的符號，這是錯誤的觀念。

舊時在象形字裡分出「獨體象形」和「複體象形」兩種，複體象形應併入象意。又有「象形兼指事」、「象形兼會意」二種，也都是象意字。至於「象形兼形聲」一種，其實已只是形聲字。

乙　象意文字

這裡的象意文字的範圍，包括舊時所謂「合體象形字」、「會意字」、和「指事字」的大部分，所以和原來的會意字迴然不同」讀者們對『象意』這个名詞倘還不能了解，這裡有一个最簡捷的方法，只要把象單體物形的『象形字』，和注有聲符的『形聲字』，區別出來，所剩下的就都是『象意』。

象形文字是從圖畫蛻化而來的，象意也是這樣。但象形的成為文字是自然發生的，——只要把虎兕牛馬的形畫出，任何人都能知道牠們的名稱，——而象意卻不然，牠們是人為的。假使我們對某一個社會的習慣不很熟悉，就不能完全了解他們的象意字。

在圖畫裡，一個人形，可以畫做，也可以畫做，可以畫做，也可以畫做；這都由於畫者的高興。有的場所，還可以把人形畫做來象他的側着頭，畫做來象他的搖着手，畫做或來象他的披着——或豎着頭髮，這種都以人為主體，而他們的形態，動作，只是附帶畫到的。

假使只是圖畫，那末，象形和象意是無從區別的，到文字裡可就不同了。圖畫固然可以把一個很複雜的境狀描寫出來，但要清楚地敘述出一個故事的始末卻非凡困難。文字的效用，正像電影片一樣，可以做成連續的圖畫來說明一事的原委，但不像圖畫的複雜。那是和語言結合了的圖畫，每一个單語需要一幅簡單的圖畫。但除了實物的名称可運用圖形來代表外，一切抽象的語言就只好剩取圖畫的片段，給牠們以新的意義，這就是象意字。

上古的人們既已用大和人來代表語言中的大人，接着就創造表示人的形態或動作的文字，這種文字，間接是采用圖形，而直接是由大和人兩字分化。由大字分化做天（天，甲骨金文同，後變成天。）夨（夨，甲骨作夨，亦作夨，俱同。）夭（夭，甲骨金文俱作夭。）等字，由人字分化做企（企，甲骨如此。後譌作企。）

光（說文闕光字。甲骨金文習見。前人釋長，或釋岪，皆誤。光甲骨金文同。後變成光。）等字，天的意義是顛，夭的意義是頭傾，夭的意義是手的擺動，（夭和笑都從夭，象手擺動。）企的意義是舉足，光的意義是細長的髮，光的意義是毛髮盛，這都是代表各種單語的專字。我們可以把這種文字叫做「單體象意」。

至於表示人（人和人）和物，或物和物間一切形態或動作的文字，我們叫牠們做「複體象意」。那種文字，雖也用圖形，却儘量地簡略。表示一个人在瞧，或說話，只要畫一隻眼或一張嘴。（例如相字表示審視樹木，問字表示在門裡說問話之類。）一个人拿戈砍死別人，只要畫做伐（此古伐字。見雙劍誃吉金圖錄）

卷下(四十)鬳向兵，原闕釋。此字後省作□。把主動的人省去，只畫一手。豕

在茳裡畫做□，即家字，見父庚卣。吳大澂以為陳豕屋下而祭，非。而□和□

却只畫牛羊的頭。牢即牢字，今人釋牢非。這樣看來，複體象意

字大都不是圖畫，只要把一件事實的要點抱住，使別

人能懂得，就夠了。

文字的形體，不斷地分化着，象形文字分化成

象意文字後，還在繼續分化。例如□欠和□見是由

□形分化出來的，□字又分化做□兇□見□□甲骨

等字的偏旁。三字，□字也分化做□民殷虛書契菁華十葉九片作□，舊誤釋見。

𢦏民騶毀作□，舊闕釋。余以限字從□證之，釋為民。□吳□□卧三字，欠字口向

前，見字目亦視前，兂民並向後，兄貝並向上，卬卧並向下，這種分化的痕跡是很清楚的。由象意字分化出來的，我們可以叫做『變體象意字』。

在上古期裡，除了少數象形文字，就完全是象意文字的世界了。象意字使用的範圍極廣，時間又很久遠，所以變化很多。有些文字漸離開了圖形，二一兩字的長畫，和亼字的象人，在地上截然不同，牠們只是抽象的物形。字（殷虛書契前編四卷五十葉五片）象以索繫羊，已把羊頭當做整個的羊。名字象晚上說話，這月形的用法，已象夕字。字表示小鳥，不象沙形。

因此，有些象意字，解釋起来是狠困難的。

因為象意字是人為的，任何人可以把要表示的語言和思想自由地畫出来，各人對於同一個題材的畫法，不一定相同，所以這一部分人所認識的文字，其餘的人或許不認識。在較長時期裡，大部分的歧異，固然會斷斷消滅，—有些受大衆承認，有些被淘汰，—但後来的新文字又層出不窮而需要淘汰了。所以，上古期的文字，可以說始終是狠混乱的，而且還是狠繁多的。

庚　上古文字的演變為近古文字和近

古文字的構成

上古文字是用繪畫来表現的象形和象意字，近古文字裡雖還有象形和象意的留存，但最重要的部分卻是新興的形聲文字，由上古到近古的重大轉變，是由繪画轉到注音。

繪画為什麽變成注音呢？最重要的原因有二：一、音符文字在使用上比圖形文字方便，在人事日益繁多的近古，音符文字能佔優勝，是無疑的。二、音符文字的急劇的增加，由於私名的發展。人類愈進化，他們的語彙愈豐富，在公名下面一定會添出許多私名来，這種私名——例如人的姓或水的名稱——是畫不出来的，原先只能假借别的字聲，到音符文字產生後，就儘量利用了。

可是，繪畫文字是怎樣變成注音的呢？這是一个較難答覆的問題。更進一步說，從圖畫變成音符，原是一切文字的通例，但何以别的民族都變成了拼音文字，而我們的文字，變成了注音的呢？

我以為中國文字的變成注音文字，由於她的語言是一種孤立語，除去少數謰語外，每一個單語都是單音節的。中國語的語法上的變化，只在聲調上表現，例如：「衣」是名詞，「衣我」的「衣」是動詞，「食」是動詞，「食我」的「食」是動詞，都只有聲調的不同。當這種單語寫成象意字時，衣作衣，動詞的衣作依（即依字，卜辭習見。）食作食，動詞的食作飤，而在依飤二字裏，都只有半個字代表語聲。又如近代語把兩人稱為「倆」，古語也是如此，「百兩」的「兩」是兩輪車，（今作輛。）作「葛屨五兩」的「兩」是兩隻鞋，（說文作緉）兩端帛叫做「兩」，兩股繩也叫做「兩」，不論兩人，兩輪，兩隻，兩端，兩股，在語言裏統只有一個「兩」聲。在象意文字裏，仁字代表二人，伍字代表五人，什字代表十人，而只讀為二，五和十，也都只有半個字代表語聲。這都是中國語的特點，也就是中國音符文字的特點。因語言的單簡，所以在文字裡面能儘量地把形符保存下來，成為只要念半個字的注音文字，而不變成純音符的拼音文字。

在象意文字極盛的時候，漸漸發生了有一定讀音的傾向。我曾研究過這種規律，大概可歸納為兩類：象意字不變為形聲字的部分，不適用此項規律。

(一)從名詞變作動詞的部分，每一個字有主動的和受動的的兩方面，以主動的為形，受動的為聲。例如：

䰜、䰩、𡙕、巩、等字，以丮為形。

𢍏、畀、𢍃、𢍉、卜辭作𦥑，舊闕釋。即𢍝、𢍟二字所從。楷弄、即拳字。龏、𢍃、等字，

以𠬞為形。

𡕥、即尋字。𢑏、即尋字。𪚑、即攏字。𩵋、敏、即敏字。等字，以又為形。

𣪊、般、𢻮、𣪠、𣪫、𣪩、卜辭此字辥，舊釋殺非。𠬛、等字，以殳或攴為形

𦥯即學字以𦥑為形。

𤔲以𠬪為形。

歮以止為形。

問、啓、咠、等字，以口為形。

凡是形的部分，全是主動的，而代表語聲的半個字，

全是發動的。

(二)在主語上加以詮釋或補充而成的文字,每一個字裡有主語和附加的兩方面,則以主語為聲。例如:

晛,朢,(朢字本義為人朢月。)二字裡的日和月是用以補足見和星兩字的;

⿲彳戠亍,(或作⿰彳戠)⿰彳⿱日又,⿰彳菐,等字裡的行或彳形,指出在路上的意義;

⿰氵龜,漁,等字裡的水形,指明在水裡,

字,富,等字裡的宀形指明在屋裡,

魯即魯字、曽即曽字等字裡的曰形，指明在器裡，所以日、月、行、彳、水、宀、口、等形，全是形，而其餘的部分是聲。數目字是一個奇異的例，常用實物去詮釋牠們，所以仁以二為聲，駟以三四為聲。

在象意字漸漸聲音化的時候，私名也正極發展。這種私名原是假借字聲來的，例如人名（姓）的子，地名的商，都只是語聲，現在就可仿效上述方法裡的後一例加以詮釋，寫一子字代表姓，在那旁邊又添上一個女旁，變成了好，卜辭用以代表子姓。女旁是補充的，是形，子是主語，是聲，寫一商字代表地名，在商旁畫上氵，以示水形，變成水名的滴，水是形，商是主語，是聲，那時的人，儘量利用這種新方法，於是，凡是私名，大都變成注音文字。

因這種方法的擴展，許多由引申來的語言，也常利用這種方法而造成新字，例如：戔字增水形成淺，少字增女形成妙，多字增人形成侈，長字增弓形成張，水，女，人，弓，等，都是形，其主語都是聲。

文字的演變，有三條大路，形的分化，義的引申和聲的假借。上古期文字分化的結果，使文字漸漸聲音化，後世人們加以『歸納』就創始了注音的方法。於是就假借來的私名注上形符，有時也就等於拿音符来注形符，這是『轉注』。至於引申來的語言，本不一定需要形符，後來也頗有『增益』。歸納，轉注，增益，這是形聲文字産生的三條路徑。『字者孳乳而生』，這種形聲文字應叫做『字』。

文字是不絕地在演化，但從繪画變到注音，卻無疑地是一個絕大的變革，所以我們把開始應用注音體的時代叫做近古期。在這時期裡，除了大批新文字都是形聲外，象形和象意，只有小部分保留原形，有些也變成形聲，有些簡直廢棄，而形聲字又在分化，引申，假借，結果又産出新的形聲字來，所以

近古期差不多是形聲文字所獨佔的，那些僅存的上古文字只是附庸罷了。參看三十四葉古文字演變圖

辛　形聲文字

根據前章所述，形聲字是由象意，象語和象聲演變成的。由象意字直接變成形聲的，是「原始形聲字」，由象語或象聲轉輾演變的是「純粹形聲字」。由形聲字再演變出來的形聲字，有的疊床架屋，是「複體象形聲字」；例如：殸從声聲，磬從殸聲。有的改頭換面，是「變體形聲字」。例如：翌明並從羽聲，變為昱，從立聲。

因為形聲字的發達，有許多難畫的圖形，也歸

到音符，例如鳳和雞本都是圖形，而又加上假借來的凡奚二聲。又如麋罞本作，改成罞，從矛聲；這都是純粹形聲字中的變例。但有些形聲字的來源，是基於錯誤，例如由（父丁斝，本示尾梢特大形。）變為，遂誤為狽，從犬貝聲；由和混合為，變為，誤為從林聲之類，我們只能叫做雜體形聲字。

形聲字也是隨時在產生，隨時被淘汰的。有些偶然發生的文字，居然保存下來，例如殷人稱上甲為⿴囗十，原和⿷匚乙（報乙）⿴囗丙（報丙）⿴囗口（報丁）同，□匚均即方字，方——即祊——即報祭，是⿴囗十當讀為報甲，然援形聲之例，可僅讀甲聲，後人就沿用下來，金文兮甲盤的⊕字，小篆的甲字，後譌為甲，都是，人們早已忘卻牠是上甲的專名了。但這種特殊的例是很少的。卜辭二千作年，金文雖尚沿用，見曾白愈父鬲等後來究竟被淘汰了。金文玟是文王，珷是武王，見盂鼎、歸夆𣪘等後來竟不再用。卜辭和金文的形聲字，十之二三是現在早已廢絕的了。

形聲字的產生，雖沒有固定的範圍，但由淘汰下來的結果看起來，却自然而然地有牠們的分野。除了少數的偶然變異外，古人所慣用的形母和聲母是很容易找出的。不過我們要注意說文解字所列的部首不都是形母。例如：一篇有一、上、示、三、王、玉、玨、气、士、丨、屮、艸、蓐、茻、等部，其實只有示、王、玉、士、艸、等字，確是形母。說文所謂形聲字，多不確，例如：一部的元字，即兀之異文，誤謂從一兀聲，丕字本作不，即不之異文，而誤為從一不聲，吏字本作叓，或作叓，不從一，誤謂為從一史聲，以此推之，知一部本沒有形聲字。

我們要是把形聲字歸納一下，就可以知道除了一部分原始象形意聲字外，純粹形聲字的形母，可以指示我們古代社會的進化。因為畜牧事業的發達，所以牛、羊、馬、犬、豕、等部的文字特別多。因為農業的發達，所以有艸、木、禾、來、等部。因為由石器時代變成銅器時代，所以有玉、石、金、等部。因為思想進步，所以有言，心，等部。我們假如去探討每一部的內容，恰等於近代的一本專門辭典。

由此，我們可以知道形聲字的真正價值。一個民族裡的普通語言，上古的繪畫文字是儘夠代表的，但社會進化後的專門術語，却非利用音符文字不可。形聲文字固然是音符的，但同時又指出意義的類別，這可以說是極完美的文字。所以在形聲文字既發展以後，還要創造象意文字，例如：巧言為辯，明空為照之類，實是不智的舉動。而一直到現代，我們用形聲字的方法來創造專門術語，無疑地還是一什絶好的利器。

叁　由近古文字到近代文字

近古文字和近代文字在文字的構造上是沒有什麼分別的。近古期以形聲文字爲主體，一直到現代，還是沿襲着。但近代文字在形式上漸漸簡單，艸率，譌誤固而自成一種形體和古文字隔離。

近古期文字，從商以後，構造的方法，大致已定，但形式上還不斷地在演化，有的由簡單而繁複，例如丁變爲示。有的由繁複而簡單。例如[illegible]變成[illegible]。到周以後，形式漸趨整齊，盂鼎、旨鼎等器都是極好的代表。春秋以後，像，徐器的王孫鐘，齊器的綸鎛，秦器的秦公毁和沂陽刻石等，這種現象，猶其顯著，最後就形成了小篆。

不過這只是表面上的演化，在當時的民衆所用的通俗文字，却並不是整齊的，合法的，典型的，他們不需要這些，而只要率易簡便。這種風气一盛，貴族們也沾上了，例如春秋末年的陳向陶釜（圖十一）上刻銘，已頗艸率，戰國時的六國文字是不用說了，秦系文字雖整齊，但到了戈戟的刻銘上，也一樣地苟簡。陳向釜的立字作丘，很容易變成立，高都戈（周金文存六卷九葉）的都字作𨛫，很容易變成都，這種通俗的簡易的寫法，最後，就形成了近代文字裡的分隸。

近古文字已不容易看出字形所代表的意義，到近代文字裡，沿用愈久，譌變愈多，當然更看不出來了，於是文字就漸變成單純的符號了。

上編正譌

十一葉下　有「曾戴奎的懷米山房吉金圖和劉喜海的清愛堂彝器款識法帖，則又取法於先秦古器訛」，一節有謬誤。清愛堂法帖雖是石刻，不摹器形，與曾書不同。

十二葉上　「古印的蒐集，則始自宋徽宗的宣和印譜」。按此書恐出僞託。

二十四葉上十行　「只是一和一」當作「只是一和丄」。

三十七葉下十行　「三」字應刪去，因一象天，三象水點，實是象意字。

四十二葉下三行　「變體象意字」下當補，象意字的一部分，後来變成形聲字的，這是「聲化象意字」。（參閱庚節）也就是「原始形聲字」。

四十五葉上六行　「我曾研究過這種規律」，當易為「我曾研究這種「聲化象意字」，發見了牠們聲化的規律」。

下册

附下编正讹

古文字學導論

下冊目錄

下編

甲　怎樣去辨明古文字的形體

乙　對照法——或比較法

丙　推勘法

丁　偏旁的分析上

戊　偏旁的分析下

己　歷史的考證

子　圖形文字的研究

丑　字形演變的規律

寅　字形通轉的規律

卯　字形的混殺和錯誤

辰　文字的改革和淘汰

巳　每個文字的歷史的系列

庚　字義的解釋

辛　字音的探索

五　研究古文字的戒律

六　應用古文字學

甲　古文字的分類——自然分類法和古文字

字彙的編輯

乙　研究古文字和創造新文字

附

下編正譌

古文字學導論

秀水　唐蘭

下編

一　為什麽要研究古文字，和怎樣去研究牠

許多人研究古文字的目的，不過是想把古代多知道一些。由甲骨金文的認識，我們可以知道一部分古代的歷史和文化，由文字的形象，可推知初造文字時的一部分文化，由文字形體的變遷與譌誤，

也可以做校勘古書時的一種幫助。

誠然，研究古文字有這些用處，但是把研究的目的，僅限於這些，却未免太狹小了。我們不妨把古文字做考古的一種工具，但不要忘記牠們在文字學上佔有極重要的位置。

舊時的文字學，所研究的對象，只有小篆，古籀的材料太少，不能研究。隸書以下，是學者們懶得去研究的，所以，範圍是很窄的。文字學者雖想把形體，聲音，訓詁，統包括到文字學裡去，不幸，這種企圖是失敗了。語言音韻的研究，既發展為一門獨立科學，訓詁方面，又被語言音韻和文法瓜分了去，於是，所謂文字學，只存了小篆的研究，永遠去鑽陳腐的六書說的牛犄角，而找不到出路，雖也號稱為科學，但是和語言音韻比較起來，不免是黯然無色了。

但是，文字的形體的研究，是應該成為獨立的科學的。語言的主體是聲音，文字的主體是形體，我們可以把文字的聲音歸到語言學裏去，但形體卻是獨立的，我們對於音符字可以認為語言，但形符字，意符字，和半音符字的非音部分，卻不是語言所能解釋的。文字固然是語言的符號，但語言只構成了文字的聲音部分。我們要研究每一個符號的起原和演變，我們要研究出一種適當的符號，那都是文字學的範圍。

在我要創立的新文字學裡所要研究的，是從文字起原，一直到現代楷書或俗字、簡字的歷史。這範圍是極廣泛的，但最重要的，卻只是小篆以前的古文字。

由甲骨、彝器、匋、印等文字的鉅量的發見，我們可以把小篆以前的文字史，延展了一千多年，我們從較古的材料裡，推測文字的起原，我們對於文字的構成，可以建立新的，完善的理論，用以代替陳舊的六書說，這都是新文字學裏主要的部分。語言音韻學者一定要研究古音，文字學者也一定要研究古文字，現在，文字學者不去深切的研究古文字，而研究古文字的人又忘了那在文字學上的重要地位，這是何等錯誤呢！

我們要把文字學革新，成為真正的科學，那末，最要緊的，是古文字的研究。所以，為文字學而研究古文字，才是學者所應認清的主要的目的。

至於我們所要採取的研究的方法，是隨目的而轉移的。假如我們只如一般的好古者，用賞鑒的心理來認識古文字，那就可以不求甚解的把「弭中」讀做「張仲」，「大黽」釋為「子孫」，或再從這等謬說裡添上許多附會，假如我們只要把古文字做一種工具，那就祗用我較正確的古文字彙來記熟些文字，即使有了錯誤，自己也不用負責；自然，誠實的學者，是不肯這樣的。這種研究，都是比較簡單的。

高明一些的研究者，能夠本着他的經驗，用他的思想，去把各家的考釋抉擇一下，承認他所信的，剔去他所疑的，再進一步，因經驗的豐富，思想的銳敏，或許對若干文字有所發明，這一定是一个孜孜不倦的專家了。但是，由文字學的眼光看來，這種研究的方法，和普通人的研究，相差並不很遠。

這些研究者，大抵可分為兩派，一派只做部分的研究，常敢發出新奇的見解，另一派大都是字彙的編輯者，常較審慎，幾可說絕少創見，但這兩派的弊病是一樣的，他們沒有理論，沒有標準，是非的判斷，一半是經驗，一半卻是情感。

前一派的人，說“皇”字是冕形，“王”字是斧形，“辰”字是布機形，等類，像飢不擇食一樣，只顧一時的暢意，不管在綜合研究的是否可通，這固然是方法的不精密。後一派的人，深閉固拒，對新說往往加以懷疑，但他們所相信的字，像：𢓊𢓊（𢔬）的釋為循，𡿺㬥的釋為態，𨑥述的釋為遂，都是不應有的錯誤，可見不先立標準，而只謹慎選擇的方法，也還是不精密。

假使我們為文字學的目的而去研究古文字，那末，我們必須詳考每一個字的歷史，每一族文字中的關係，每一種變異或錯誤的規律，總之，我們要由很多的材料裡，歸納出些規則來，做研究時的標準。有了這種標準，就可以做有系統的研究，既不必作無謂的謹慎，也不致於像沒籠頭的野馬一樣。

我們需要大膽地推想，但不要忘記了真實的證據，和一切規則的限制。我們要搜集豐富的材料，但不要以為學問僅止于此，把腦筋弄得太簡單。我們要學了便想，想了再學，這樣，才可以發明出新規則，只有根據這種規則的學說，我們才能相信。在新的文字學裡的古文字研究，是必須有系統，而且是有規則的。

因為我們務要避免空想，所以必得研究和古文字有關的學科，必得蒐集，並整理各種古文字的材料，用以充實我們自己。又因為我們務要避免亂想，所以得找出許多認識或解釋古文字的方法或規律。在下面，我將詳細地說到這些。

二　一個古文字學者所應當研究的基本學科

甲　文字學

研究古文字，無疑地要有文字學的基礎的。但是有些人總把這事看得太容易，以為只要知道一些連自己也不甚了了的「六書」說，能查說文和翻經籍纂詁，能知道古聲韻的大概，就具備了自己應有的文字學的基礎了。

一個真實的學者，決不肯把學問看得如此容易的。他不會僅要知道一些簡單的常識，他一定要對每個問題都詳細地尋根究底，所以要獲得一些文字學的基礎，將費很多的力氣。

研究古文字者，往往不注意書本裡的材料，這是很錯誤的。地下材料，文字多的像甲骨和銅器，都有文體的限制，所用的文字老是這一套，所以有些文字，幾可說永不會被發見的，這種缺點，只有書本上的材料才能弥補。沒有這部分材料，就不能做有系統的研究。

不但這樣，地下發現的文字，大衆公認為已認識的只有一部分，其餘未認識的文字，有些人在胡猜亂想，有的人對之瞠目，但假如注意了書本上的材料，有些字是很容易解決的。例如：甲骨的役字，舊以為說文所無，不知這是「役」字的重文。金文的㫗和覃，舊所不識，近出的古文聲系在簟字下說，「竹席，从，象文之形」，其實說文「𩫖」從「覃」聲，「𩫖」又從「㫗」，本很明白，既認得𩫖字，「覃」和「㫗」也就應該認識了。古鉩的字，舊時也不識，汗簡止部有字，釋「徵」，「光」，這無

疑地是六國時的別體。那末，單就辨識文字的一層，也就應該注重到書本上的材料了。

蒐集書本上的材料，是一件複雜，瑣碎，而又繁難的工作。除了說文以外，重要的書：像爾雅，方言，釋名，廣雅，玉篇，經典釋文，一切（玄應和慧琳）經音義，廣韻，以及日本人所箸的萬象名義，字鏡等，都包含着很重要的材料，即稍次要的書材料，像：小爾雅，急就篇，五經文字，九經字樣，以及華嚴經音義，三部經音義等，也都有用處。學者第一步的工夫，就得博覽這許多書，以便擷取那裡邊的材料。

有一部分的古書是久已亡佚了，但還可以搜輯佚文，而且還有研究的價值，像倉頡篇，或三倉，聲類，通俗文，埤倉，字林，韻集一類，有些有幾個輯本而體例不善，有些雖有輯本而不全。在學者用功的期間，輯佚的工作，也是值得做的。

我們要在古書裏蒐集材料，材料的本身，也應當注意到。有些書很早地就有許多本子，像說文，玉篇等書，早不是唐以前的面目。到雕版以後，一本書有幾種版本，文字也都有異同。所以學者要求材料的可信，是不能不做一番校勘的工作。

除了蒐輯材料以外，對於古書的本身，像：書裡面的體例，材料的来源等，也是學者所應弄清楚的。多看前人的箋，注，疏，釋，固然是有益，但假如自己能下一番工夫，那益處一定更多了。

一個文字學者對於這種預備的工作，是不能不經歷的，但不可把這些當成學問而便自畫了。往往有人看了許多書，抄了許多稿子，輯了些佚書，做了若干校勘記，到臨了，不明體例，不別是非，也有人墨守住一本書或一家的注釋，就不管其餘；這都是有止境的。

新的文字學的研究，是不能有止境的。要在豐富材料裡整理出全部的文字史，和變遷的規律，那末，除了研究地下各種材料外，還得致力於各種基礎的工作，基礎築得愈堅固，研究時就愈方便，在起始時雖很費力气，但這種力氣，是不會白費的。

乙　古器物銘學

古文字學可以說由古器物銘學的發展而產生的。有人把古器物銘攷釋出來，就有人依據這些攷釋而編成字彙。這種字彙，起先只有寫古籀的，刻印章的，用着牠，最後才知道牠在文字學上的價值。

現在，古文字學已從古器物銘學裡分了出來，變成文字學的一部分，但牠和牠的老家的關係還是不能割絕的。我們要研究古文字，決不能單靠幾種字彙，而不去研究古器物銘學。因為這種研究不是容易的，有時窮年累月，才能做三兩篇考釋，而編輯字彙的人是利在速成的，（那樣廣大的範圍，不求速成，就永遠做不成。）不暇把銘辭詳細研究，所以除了沿襲舊說外，不能有很多的訂正或發明，並且，還有些疏忽，例如把卜貝兩字誤合做貞字，靁字誤分做雨雷兩字之類，也是難免。所以，即便是很好的字彙，也只可以做參考。一個研究文字學者，同時必得研究古器物銘學。

自然，在研究古器物銘學的時候，又得明瞭許多相輔的學科。每一個器物的時代，地域，名稱，用途，形製，質料，圖案，書法等，對於研究銘文時都有關係，那末，考古學，古器物學，古代藝術，都是不能不知道的。一個器物銘辭裏面的有關於歷史，文化，氏族，地理，年曆等部分，當然是研究的重要對象，這是古史學，社會史，文化史，古地理學，或古厤學的範圍。

至於基本的學科，第一，當然要數古文字學了，因為不認識古文字，固是無從研究，認識錯誤了，也是枉拋心力。其次，古代文法，修辭學，古音韻，也是極重要的，因為僅認識了文字，不一定能讀通一篇銘辭。

或許有人說，在古器物銘學上要用這許多工夫，是太麻煩了，這種麻煩有些是古文字學者所不必需的。但是，怕麻煩，不是學者所應有的。為怕麻煩而不去研究古器物銘學，或研究得不盡力的人，在古文字的研究裡，也一定不肯下苦工，這種人的研究，是不會得到鉅大的收穫的。

三　古文字的蒐集和整理

研究古文字的人，假如不願意依賴別人供給的材料，他就得自己動手去蒐集了。

一般材料的來源，不外乎攝景、拓本、景印本、鈎摹本、摹刻本、臨本。攝景和拓本，當然最好，但不可必得。景印本的價值，不下拓本，但偶有印得太壞的，還不如摹本。像：鉄雲藏龜拾遺之類。鈎摹本、摹本、摹刻本，有時和拓本相差無幾，像：攈古錄金文和近出的綴遺齋彝器攷釋等。但有脫落譌誤的地方，就無從考查了。臨本的字形，每有變易，不能依據。但有時也可用做參攷的資料。

選擇（搜集）材料，第一得辨别真偽，不僅器物有偽製，拓本也常有作偽的，倚𩛩室吉金文述所收甚多。尋常碑賈所賣，也大都是假的。就是明眼人有時也不免受欺。鑑别的方法，除了原器的鑒定外，應當在銘辭，字形，書法諸方面判斷，多看真的，自然會知道假的。但在自己的經驗沒有豐富時，最好先用前人已鑒定者來做一種標準。甲骨偽者雖多，但較易辨。見於著錄的，像鐵雲藏龜，殷虛卜辭，龜甲獸骨文字等書裡，只有幾片。金文裡假的太多，像周金文存所錄就不少，學者宜參看王國維及羅福頤所輯金文著錄表以別真偽。

第二，得定一個蒐集的計畫，甲骨有幾萬片，銅器單是商周，已著錄的有五六千，鉨印，匋器，貨幣等材料，都是盈千累萬，材料這樣地多，要是隨便蒐輯，一定顧此失彼。所以先要決定搜羅那種材料，其次用何種方法。

根據一種字彙，修改和增補的工作，是較容易的，但這樣易於受原書的拘束。把所有的材料，剪裁粘貼，或摹下來，重行編集，固然較精密，但也有短處。有些字重複至數千，像甲骨的卜字，一一蒐集，未免太笨。又模糊殘缺的地方，往往不能加以注意，難免譌脫。最好的方法，還是先編成了一種精密的著錄表，再按表去蒐集。

材料蒐集來了以後，就得做整理的工作。因為依照上面那種方法去蒐集的結果,一定有狠多的單字,每一個單字又常有狠多的寫法,假如不去整理,一定茫無頭緒。

整理的方法,是依着各人的喜歡和經驗,把這些材料編集成有系統的長編。用說文分部的方法,用分韻的方法,或其餘的方法,都可以的,用自然分類法,當然更好。這種分類法,後邊另有說明。在每一個單字裡,要把各種不同的字體,依着時代和地域的區別而列成一個系統。

四 怎樣去認識古文字

甲　怎樣去辨明古文字的形體

材料經過整理之後，我們就要求對於每個字的認識和了解了。在這裡第一步得把字的形體筆畫都弄清楚了。普通人能看摹寫刊刻的文字，因為筆畫是清楚的，但到了原器，拓本和影印本，有些筆畫就不能辨認了。

古文字形體的難辨認，有好幾層原因：

契刻鑄范的不精，往往使文字的筆畫錯誤，脫漏，雜亂，例如：呂才在甲骨中，有時只作川⺦，《龜甲獸骨文字》一卷十八葉有骨臼刻辭云：呂祿示三屯㞢一丿完，□乃□之刻譌，商承祚錄于禾下，非是。金文范誤之字最多，如：□字誤作□，中殷父毀霝字誤作□，齊大宰歸父盤有時脫漏一字，就在上面補刻，又有錯誤，像矢盤把□字刻成□，就是一例；至於每字的偶缺一部分，更是常見；六國後兵器一類上所刻，尤多雜亂。圖十二

古器物歷時既久，不免毀（略減）損破碎，或為土斑銅鏽所掩，因而字畫不清及有殘缺，例如：甲骨的□，鐵雲藏龜一四三葉第一片羅振玉誤釋為巫，不知這是□的殘字，同書一八八葉三片，與上辭略同；但□上的□形尚略存。汧陽刊石的工字，前人都寫為工，不知中筆乃石紋。有許多甲骨或銅器，明

知有許多文字，但磨泐到不能辨筆畫，也是無可奈何了。（大良造鞅戟云：「口年大良造鞅之造戟」，口年上泐，年字但存下半，作仐，集古遺文缺而不敢釋，亦其一例。）

古器物出土後，給俗工剔壞，例如：𪓬字作[古文字形]，（山東圖書館藏滕縣所出𪓬犧白鼎（圖十五）。凡滕縣所出銅器，文字多剔壞。）彳字作𢓊，（程氏所藏保侃母壺（圖十四）。）

拓本糢糊，印本惡劣，至不能辨認筆畫，尤是常有的事。例如：交尊的𠨍字，誤認為卲，噩侯鼎的𠂤字誤認為同。集古遺文摹錄者，𪓬鐘錯誤最多，曾子中宣鼎誤譯為馬，都是拓本不清晰的緣故。契文舉例裡所舉甲骨文字很多錯誤，是所根據的印本鐵雲藏龜不好。

摹本和臨本的錯誤。攈古錄、集古遺文等書，都是摹本中較精的，但都不免錯誤。臨本就不用說了。

在材料方面，有這許多缺陷，使研究者感到困難。但有些錯誤是學者們自己造成的。最易犯的毛病，有三種：(一)古時書法，對於分布方面，不像後世的整齊，學者常把一字誤為兩字，像汅字誤認為匕乙，又把兩或三字的合文誤為一字，像 又[illegible]誤認為挖字，又把一字的旁邊文字的一部分，割取過來，併成一字，例如：羅振玉所釋的濩字中，有作[illegible]形，實是[illegible]二字之誤，見鐵雲藏龜百六九葉一片。又把一字上下的文字的一部分割取過來，併成一字，像[illegible]（眡𢿱）誤併成[illegible]字。見鼎貞（二）在原器上的斑銹或剝蝕和字形相近，或因拓本的摺紋裂孔影印後不能詳辨，遂誤認為文字的一部分，愈是小心謹慎，愈易犯這種毛病。例如：甲骨文編增錄有[illegible]字，其實是[illegible]字，原文云：癸卯卜𡧊于羽口未酒衣。（下缺）見鐵雲藏龜四十葉二片。因末字旁本有卜兆裂紋，遂致誤認，又卷[illegible]一的三字下所錄有[illegible]形，即（酉）拓本損壞，致多一形，見殷墟書契後編卷上二十五葉十片。殷契佚存四三三片有[illegible]字，原文云：口貞王室禱（匕口。）考釋誤寫做禱，四四一片有□（芍）字，考釋誤寫做□，這也都是沒有詳辨的緣故。(三)因文字殘缺，拓本模糊（或印本），以致誤認的例如：殷虛書契前編有□（句）亥卜（缺）雈耙（缺）一辭，（六卷十七葉六片）耙字當作□，因下方折損，但存□形，諸家便誤摹做□，番生毀（高）□遠能□，□字本作□，昔人誤摹做□，也都不免疏忽。

所以，認清字形，是學者最須注意的，假如形體筆畫，沒有弄清楚，一切研究，便無從下手。認清字形的方法，首先要知道，文字的變化雖繁，但都有規律可尋，不合規律的，不合理的寫法，都是錯誤。學者有了文字學的根底，和認古文字的經驗，便該對每一個字的寫法，先有一個成竹在胸，不要給那種錯誤迷惑了。其次，學者在辨識一字時，就得把銘辭想法讀通，這也是減少錯誤的一法。

如發見拓本或印本模糊，摹本臨本有錯誤，應該找別種本子，如找不到別種本子，那只好闕疑。至於原器范誤或剔損的字，只可以做參考，不能用以做研究的根據。

許多初學書法的人，最怕剝泐較多的碑誌，要他們在蠶叢裏闢鳥道，確是一件狠困難的事。初學古文字的人，也是這樣，拿上一個字來，便覺得無從下筆，自然動輙得咎了。會寫字的人，是先知道什麽字要怎樣寫法的。

乙 對照法——或比較法

有人說，研究埃及古文字的方法是科學的，而研究中國古文字的方法是非科學的，因為我們不能得到像羅塞達刻石 Rosetta stone 一類的東西，——那是用埃及的象形文字，通用文字，和希臘文字，三種對照着寫的，——所以不會有和商坡弄 Champollion 一樣的成功。

說這樣話的人，一定對於中國的古文字學不很熟悉。因為他們不知道中國的古文字學幾乎完全是由對照法出發的。

埃及文字是已被忘却而重行發見的，但中國文字是從很古的時代，一直到現在，還是行用的，所以，研究埃及古文，必須靠羅塞達刻石做鑰匙，而中國文字裡最古的○，或⊙，山，艸，行，等字，和現代的日，山，艸，行，等字，却不需要任何鑰匙，就可以得到比較。中國古代文字和近代文字的比較，至少比用希臘文字和埃及文字比較更可靠些。

但是，古文字和近代文字的差異，有時很多，說文解字一書，就是這兩者中間的連鎖，自然，嚴格說起來，這種連鎖應屬於小篆和六國古文的，因為這種材料，現在留存很多，即使沒有說文，也沒甚關係。而魏三體石經用六國古文，小篆，隸書，三種文字對照，正和羅塞達刻石相仿，但我們對於六國古文的認識，也並不是非此不可的。

因為周代的銅器文字，和小篆相近，所以宋人所釋的文字，普通一些的，大致不差，這種最簡易的對照法，就是古文字學的起點。一直到現在，我們過見一個新發見的古文字,第一步就得查說文,差不多是一定的手續。

對照的範圍逐漸擴大,就不僅限于小篆。吳大澂孫詒讓都曾用各種古文字互相比較。羅振玉常用隸書和古文字比較,不失為新穎的見解。(例如用「戎」和「戎」對照之類。)新出的材料,像:三體石經,(例如:用亣和宂比較,知道應釋免。)西陲木簡,唐寫本古書等,尤其是近時學者所喜歡利用的。

雖是這樣,卻還沒有人儘量地利用這種方法,因而有好些很容易認識的文字,至今未被認識。例如:丗字,在甲骨和銅器裡常見,向來沒有人認得,有人釋做「𡚁」非是。假如我們去讀詛楚文，就可以知道是「亟咸」的「亟」字，說文作亟，反不如隸書比較相近，亟誤為丞。金文有筭字，以前也不認識，由此就可知道是筭字了。使懋壺：窺命，史懋路筭。昔人或釋做筭，非。

應用這種方法時，得知道古文字裡有些變例，像：反寫，倒寫，左右易置，上下易置等。不然，往往因寫法不同，很不容易識的字，都變成難識了。

反寫例在古文字裡最多，人字應作𠃌而寫作𠂆，𠃎字變作𠃝，除了少數的例外，像𠂇又不可寫作𠂈𠂇之外，凡是左右不平衡的字，幾乎沒有不可反寫的。在複體文字裏，還有只把一邊（邑部字）反寫的，例如□字寫成□，□的字寫成□之類。（注意）說文例的反人為匕，反正為乏，等，在古文字裏是不適用的。

倒寫例，左右易置例，上下易置例，也都是常見的，不過較難辨，所以專家也會被朦住。例如「□」習寫成□，金文編放在附錄，□字篆作□，乃是誤認，非倒寫，金文編已改正。□字放在言部，不知就是「□」字，□字羅振玉釋做龔，不知就是「□」字。原文云：「才□」地名。見殷虛書契前編二卷十八葉六片。

應用這種方法時，還有應該十分注意的，就是不要把不同的字來拉在一起。以前的學者往往隨便把兩個畧髣髴的字，併了家，例如：薛尚功把□再字釋成「舉」，（宋本薛氏款識四十二葉：「舉字按集韻云：□音舉，亦冓也。□乃冓省耳。」）許印林把□字釋做「劉」，（攈古錄一之一卷十九葉引許說云：「字作□，此足證劉從閉門之丣，不從開門之卯。」）孫詒讓把□□釋做「馬」，（名原上六葉及契文舉例下卅九葉。）羅振玉把□（兕）釋做「馬」，（詳見余所作獲白兕考。）容庚把□，□釋做「蔡」，（金文編一卷六葉云：「蔡，魏三字石經古文作杀，故得定為蔡字。」今按□字從大，與杀象獸形，大不相同。甲骨習見杀字，即希字，希可借做殺，也可借做蔡，那末石經的杀字，也就是希字。戩壽堂殷虛文字卅三葉九片又別有□字，和金文同，可見□不是杀字。）這種錯誤的例子，是舉不盡的，學者做比較的工作時，應該十分嚴密，才好。而且，無法比較的字，就得用別種方法去解決，萬不可胡扯乱湊，把自己墮入魔道裡去。

丙 推勘法

除了對照法以外，往時學者所常用的方法，就是推勘法。有許多文字是不認識的，但由尋繹文義的結果，就可以認識了。雖然，由這種方法認得的文字，不一定可信，但至少這種方法可以幫助我們去找出認識的途徑。

劉原父，楊南仲一班人所釋的文字，在現在看來，雖多可笑，但是他們在古器物銘學開創的時期的裡，已經建樹了不少功績。他們能把十字釋做甲，

「弔」字釋做「叔」，就是很好的證明。他們根據成語，就把「釁壽」釋做「眉壽」；根據辭例，就把「𡨦」又下國」讀做「奄有下國」，根據叶韻，就把「高弘又「𢚩」」讀做「高弘有慶」，這都是應用推勘法而得的。

和對照法一樣重要的推勘法，在目前還是不可缺的，金文裡地支的子字，是一千年來的一個啞謎，由於甲骨上干支表的發現，我們可以推勘出來了。金文的「了」，以前誤釋做「故」，和「乃」「丏」字誤釋做「刊」，劉心源才讀做「氏」，和「于」，這就是由推勘文義而得的。甲骨文的「㞢」字，舊時誤釋做「之」，郭沫若才讀成「有」字，也是根据文義而推得的重要發明。

但是，這種方法，不是完全可靠的。「𠦝」字本應釋做「弔」，吳大澂，羅振玉等硬把来當做「叔」字解說，就錯了，因為金文是另有「𠦝」字的。金文編以為弔和從弔的字，都是叔字之誤，而把叔字列入附錄，也不對。「弔」字後世讀為「叔」，所以就借用「叔」字，正和「䨼」今誤為「釁」的借用「眉」、「竈」的借用「奄」，是同樣的例子。那末，推勘法只能使我們知道文字的一部份讀音和意義，要完全認識一個文字，總還要別種方法的輔助。

單是（不過）這一些用處，對於我們的稗益，已是不小了。金文裡的「亣」字，前人誤釋做「太」，我因「大」字小篆作（或）「亣」，推知「亣」就是「亣」，亢。但最重要的證明，是「𨙫元」（趞鼎）「朱元」（衛微）的就是「𨙫衛」「朱衛」。曾伯霥簠的「黹」（舊摹作「黹」非。）前人誤釋做「業」，（容庚引「悊聖元元武武孔黹」，以為釋「業」和文中用韻不合，因改入附錄。郭沫若仍釋做業，以為和「午」「武」合韻。）我在字形方面，認為當是「黹」字的變體，而休盤的「黹屯」，寰辟父敦的「黹屯」，都就是「黹屯」（金文習見，吳大澂釋「黹屯」為「黹裳」，誤。「黹純」就是顧命的「黼純」，儀既夕記：「縓綼緆，緇純」，注：「飾裳在幅曰綼，在下曰緆，飾衣曰純」，所以金文常說「玄衣黹純」。）是第一個有力的證明，簋銘說：「隹王九月初吉庚午，曾白霥悊聖元武，元武孔「黹」，克狄潍（淮）尸（夷），印燮繁湯，金衜鐊（錫）行，具既卑方」。「午」「武」是韻，「蕭」「尸」是韻，「湯」「行」「方」是韻。「蕭」訓「紩衣」，有工緻，纖密的意思，引中出來，就有善的意思。「肅」「至」聲，相近，引人注《節南山》箋，鄭說「言至，猶善也」。是第二個有力的證明。金文的□，見《卿彝》，舊稱《宰己彝》，以前不識，或釋「糾」「奐」了，《薛氏款識》《敔敦》說：「王令敔追□于上洛惄谷」，□字宋人釋「追」，郭沫若釋「御」，從形體上說，□是□的譌體，從文義上說，釋「御」較恰是合適，所以我以郭說為是。而□字就是□字，也可以證明了。

我舉了（在上篇）兩三個例子，狠夠證明這種方法的價值了。不過，在研究的時候，千萬不可拋開了文字的形體。有人把金文的「乎」字，附會《尚書》的「伻」字，不知金文原有「平」字，這種路是走不通的。但這種病學者犯的很多，把「串」字釋做囊，也就是一例。

至於葉玉森一流，「今[illegible]」釋做「今夏」，「今楷」，「今楙」又都是「今夏」，這種方法，好像學畫的人，專畫鬼魅一樣，也就不值得抨擊了。

丁　偏旁的分析上

分析偏旁的方法，宋人已經用過，例如博古圖錄在秉中鼎裏說：

按王安石字說秉作𥝌，从又从禾。此上一字，作「𥝌」，以象禾，𠬜彐以為手[又]，乃秉字也。

又在周公鼎（原作周文王鼎）裏說：

彝說文云：「宗廟常器也。从糸，糸綦也；廾持米器中實也，彑聲。」[illegible][illegible]彝其首作[illegible]者乃彑也，其左作點者象米形也，右作8者糸也，下作[illegible]者廾也。

但是應用這種方法的時候極少，而且多是很容易認識的文字，一遇見難辨的文字還是任意猜測。清代學者的說文學較深，不知致於到王安石字說裏去徵引小篆了。除了陳慶鏞，莊述祖，龔自珍一班妄人外，像嚴可均，徐同柏，許瀚，以至吳大澂，孫詒讓等，雖則學力有高下的不同，但每解析一個文字，總都有些依據。

𣪘字宋人釋做「敦」，錢坫說，說文解字簋從竹從皿從皀，此所寫之皀，即皀字。皀讀如香。此則從竹皿而從皀。嚴可均也把𣪘釋做簋。錢和嚴都精於說文學，所以能有這種發見，但一直到最近，黃紹箕，容庚撠(附記)闡這一說後，才得多數人的信從。由這一事看來，許多學者總是故步自封，厭聽新說，儘管你用科學的方法有鐵一般的證據也不會被採納的。所以清代的學者，儘管熟習說文，而在古文字學方面，沒有很大的發展。

乾，嘉，道，咸時的學者，對於說文，很少人敢有訛議，所以在那時候的古文字，只夠做說文的輔翼罷了。同光時的學者才知道古文字的真價值是超說文的，於是，古文字學就日漸昌大起來了。以前只偶尔举金文來比較篆文，現在要用金文來補正篆文了。

在這一个趨勢裡，孫詒讓是最能用偏旁分析法的。我們去繙開他的書來看，每一個所釋的字，都是精密地分析過的。像由亩字作㐭，知侖也是亩字，又知道嗇是嗇字；𪏭𪏮也都是嗇字異文，𣪊畮從亩從𣪊，𩐁字從稟從金，𤔡字同牆，牆字從片從𠂆下從門即亩首，亦即牆字，𤕦字從攴爲𣀔字，而啚字作𠮛𦳉𣌨𠷎等形，圖字作圖圖圖圖圖等形，鼓可和嗇鐘等字偏旁互證。可參看孫氏所著名原他的方法，是把已認識的古文字，分析做若干單體，—就是偏旁，把（再）每一個形（單）體的各種不同的形式集合起来，看牠們的變化；等到遇見大衆所不認識的字，也只要把来分析做若干單體，假使各個單體都認識了，再合起来認識那一個字，這種方法，雖未必便能認識難字，因為有些字的偏旁，雖是可識，一湊合後却又不可識了。但由此認識的字，大抵總是顛撲不破的。有些錯誤，是因偏旁分析不精所造成。

孫氏所釋的文字，在我們現時（代）的眼光看来，當然有很多不滿意的地方，這是不足為病的。他的最大功績，就是遺給我們的這精密的方法。這種方法前人雖偶然用過，但沒全用這種方法來研究古文字，卻始於孫氏。有了這種方法，我們才能把難認的字，由神話的解釋裡救出來，還歸到文字學裡。

現在，知道這種方法的人是很多了，然而，在沒有這方法的時候，要知道固然很難，在大家熟知以後，要實行也正匪易。知是一件事，能行又是一件事。僅僅能用這種方法，還是不足道的，能處處應用，永遠應用，才算真能懂得這種方法。

兩周彝器的金文，在古文字裡，算是很好認識了，但是，即使學者(間)以為已認識的字，要是一分析偏旁，往往有許多錯誤。例如我前面所講到的𩰫，上半從䖵，可用夐夐字做証，下半從泉，是很容易認的，而金文學家釋做「熊」。我在十幾年前就發此說，一般学者不謂為然，直至最近，郭沫若在卜辭通纂裏误用舊釋，經我告訴他後，才引以訂正。𡕩字從夊從一，應當釋做「彖」字，說文𧰼字古文之偏旁作𧰨，即此字。而向來都誤為從八從豕的「㒸」，金文自有㒸字，作㒸。而在盂鼎的「述」字，又誤釋做「遂」，遂鼎的「𨗨」（逐）字，又誤釋做「遂」。𢦏字從丮從生，而釋做「對」。𢎗字從弓從丨，應是引字，而釋做「弓」。𢎗或𢏚、𢎪，舊逕釋為䠶，亦非。當釋為𢏗或弢，後誤為䠶。𢏗則䠶字，後誤為射。這種錯誤，在謹嚴的文字學者是不應有的。

在甲骨文字裡，這種錯誤尤其多了。在這裡，我們不能不歸咎于蠶叢的羅振玉氏，他老先生雖則把許多心得教給我們，但同時却播下了無數的種子——錯誤的種子。他是不很講究分析偏旁的方法的，所以儘管把□、□、□等字釋做帚、帚、歸，而把□、□、□、□等字釋做「彗」，按當為□、□、□、婦四字。帚即掃之古文。□、□二字並釋做「牧」，按當釋□及婦，讀為侵。「清華」第一葉云：「□方出，□我示□田七十人。」又云：「土方正于我東啚，□二邑，□方亦帚我西鄙田。」正讀做征，那末□和帚當讀做侵是無疑的。羅氏誤讀做牧，把卜辭列到芻牧類裡，這段歷史的真相就湮晦了。羅氏後的學者，都以訛傳訛，不想去改正。這真是太可惜了。反而把□耤之本字字釋做「埽」。他會把諂諂、設設、𨠋𨠋、𠬝𠬝等字釋做謝,他會把盗盗字釋做浴,兆兆字釋做洗。這一類的釋文,幾乎佔他所釋的十分之四五。總之,他在發現這新的古文字以後,創通條例的心太急了,所以對於較難認識和無可比較的文字,就蹈了宋人釋金文的覆轍,任意推測起來。這個惡例一開,許多妄人就得了捷徑,不用通說文,不用識金文,只要獨坐冥思,就可以認識甲骨文字,高談孔子所不知的殷禮了。

古文字的研究,到孫詒讓才納入正軌,他的精於分析偏旁,和科學方法已很接近了。但在甲骨文字的研究盛行後，大都用的是猜謎法，因而，古文字學暫時呈露出退化的現象。

戊　偏旁的分析　下

我在上邊推崇孫詒讓，是推崇他的方法，至於他所釋的字，一一推究起來，卻很多可議。這並不是方法的不好，卻是材料不夠，並且孫氏有時也不免疏忽。

施用這種方法時，最要緊是偏旁也認清楚。飆字從，孫氏誤認做夙，這是把筆畫略近的字混殽了。

偏旁釋定了，不能改讀。[illegible]字從爵形的盦，孫氏所釋本不錯，但偏要讀做措，鑮字從金稟聲是很明顯的，但偏要說是從䜌省，不從稟；這都是把文字來徇自己的成見。

古文字變易簡省，大都有史迹可求，不可牽肥猜度。[illegible]慶字孫氏釋做上從[illegible]省，下從嬰省，又把[illegible]形釋為風省，[illegible]字釋做從[illegible]省羿省名聲，雖都竭盡穿鑿的能事，但總不免迂曲。凡是省簡的字，必有原形，但如孫說，不省時不能成字。

原始古文，本不易推定，孫氏時材料也太少，勉強求之，自多錯誤。把行釋做了十二；把非和亞釋做黼黻，把[illegible]釋做牛，[illegible]釋做獲，這一類在現代學者或者以為可笑，但處在那個時代，却是無可奈何。

這些缺點，在孫氏方面，我們是要與以原諒的。但在我們自己方面，却應力加檢點。孫氏在文字學和古書都有很深的根底，詮釋古文字的時候，不免先有些成見，弄成拖泥帶水。我們在研究古文字的時候，得把成見完全掃除，專用客觀的分析。

我們第一得把偏旁認真確了。第二，若干偏旁所組合成的單字，我們得注意牠的史料，假使這字的史料亡缺，就得依同類文字的慣例，和銘詞中的用法等由各方面推測，假如無從推測，只可闕疑。像，雙手捧爵為勞，雙手捧帚為謝，一類，偏旁雖近是，所釋字却全無根據，這是應當切戒的。

因為學者們不去用這種方法，即便偶然用了，也不精密，所以古文字的園地裏，大部分還是荊榛待闢，許多文字，還沒有人認識，有些是被人認錯了。例如：𪓐公華鐘有"沓為之□銘"前人誤釋做"聽"，文義不順，我因這字上從□月，下從□口，決為"名"字；銘字月字本與夕通用，例如外作外。郭沫若金文辭大系亦釋"名"，與余同。甲骨文的字□字，前人误釋做「𠇍」、「迥」，我狄為從宀正聲，即「定」字；（近出古文聲系已即本余說改正，錄作定字。）這種字一經考定，似很容易認識，但在未考定前，就是小學專家，也常會終身不悟。

如其拿（僅）一兩字來說，這種方法應用的範圍，似乎太瑣小狹隘了。這種方法最大的效驗，是我們只要認識一個偏旁，就可以認識很多的字，現在，我不妨就（由）我認識的文字，抽出兩個偏旁來做例子。

（一）冎字　在古文字裡從冎的字，以前是不認的，我推出了㕣就是冎，於是下面諸字便可認識。

[古文字]過　過伯毁。昔人誤釋「迟」、「或」、「迪」。金文編入附錄。

藉　魚鼎匕說：「藉入藉出，毋處其所」，舊不識。今按從骨至頭，當即「䯏」字。匕銘假為「滑」字。

歍　殷契佚存九五片。舊不識。今按當即「歍」字。

（二）斤字　從「斤」的偏旁，在周代金文裡作斤等形，是誰都知道的，但在甲骨金文裡有很多的從斤旁字，至今未被人認識。我尋出了這偏旁的寫法，例如：

芷「斲」字　見後編下二十葉五片，藏龜一四二葉四片，後編下廿二葉十八片。舊芷不識。按說文蘄從斲聲，但沒有斲字，大概是遺漏了。

旂　戩壽堂殷虛文字四七葉九片。王國維釋「旂」，近是。按此字從㫃斲聲，舊以為從旂從單，誤。

斲　前編四卷八葉六片。舊不識。按卜辭莫或作莫，可證即斲字。

所　前編五卷二一葉三片。舊不識。按厂古石字。

紤 後編下二一葉三片。舊不識。此字說文沒有，疑是繁的本字。

兵（兵） 後編下二九葉六片。舊不識。按殷契佚存七二九片云：「貞出兵𢍏。」

[illegible] 前編四卷四三葉五片。舊不識。按此字說文沒有，金文折或作[illegible]，疑此亦斷字。

圻 佚存七〇八片。舊不識。此字說文遺漏，古書習見，或作垠。

斫（所） 佚存八九九片。舊不識。按朙或作明，可證此即所字。

肵 殷契卜辭四一二片。舊不識。此字說文沒有，疑是肵的本字。廣雅釋器：「肵，脂也。」說文缺。

並「[illegible]」字。見前編五卷二四葉五片、六卷三六葉五片，龜甲獸骨文字一卷十一葉二片。舊並不識。按此字說文沒有。疑是誓的本字。玉篇誓同警，說文闕。

[illegible] 前編六卷三六葉三片。舊不識。按詳上。

斧 前編二卷四葉三片。舊不識。

並「新」字　前編一卷三十葉五片，「新寵」，七卷十四葉一片，「出新寢」，後編下三葉，十二片，「新寵」，九葉一片，「出新大品」。舊並不識。甲骨文編把當做「匕辛」合文，大誤。按「新」字說文沒有，當即「新」字，

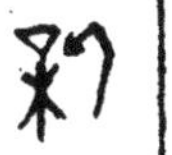新、、　前編五卷四葉四片，佚存五八〇片，舊並不識。

寴　藏龜拾遺十四葉十九片，舊不識。按當即「寴」字。

寴　佚存一三三片，二一七片，並云：「寴宗」，舊不識。說文闕此字，當是「新」的繁文，從宀新聲，猶「親」或作「寴」。

靳　前編一卷四七葉六片。舊不識。今疑即「析」字。

靳　後編下二三葉七片。舊不識。按從當是枼字，靳就是析的異文。

所　佚存八五八片。舊不識。按此字不見字書，未詳。

□破　前編八卷六葉一片。舊釋為「石」、「扔」二字誤。按
□　此蓋斫字異文。

由此，我們可以推出「斤」字在甲骨裡作□，或作□，前編八卷七葉一片的□字，也可以釋做「斤」。利用這個方法，我們可以多認二十多個前人未識的字，並且，以後再碰上了從「斤」旁的字，也有了辦法，不致於說「□象矰繳之形」，而束手無術了。

一般學者所已認識的甲骨文字，不過一千字左右，而且還有許多錯誤。假使我們有了方法再去整理，至少可以使可識的字增加出一倍來。有些朋友不肯信我的話，以為是大言欺人。他們用慣了手工

製品，意想不到機器的大量生產，無怪要視為奇蹟。但在新文字學的觀點上，這是毫不足奇的。用舊時的方法去研究，偶然也可發見十個八個字，但大體上是有限制了。所以，我們所認為最重要的，是研究出更精密的方法，至於能多認識若干字，只不過這（利用）新方法的結果而已。

己　歷史的考證

往時的文字學者研究古文字的方法，不外乎對照和推斷，假使沒有（可供）對照的材料，和孤文隻字無法推勘的時候，就絲毫沒有辦法了。

有些人不甘拘束於沒有辦法的境地，就任意去猜測，自然，猜不對是常事，因此，已發見的古文字裡，確然可認識的，只有很少的一部分，其餘的部分，儘管猜的人很多，各有各的巧妙的戲法，但終無補於難字的認識。

因此，我在上文提出了分析法，這雖是許慎在說文解字所常用，但在古文字裡，只有孫詒讓曾充分地應用過。這種方法是必須分析偏旁而不能隨便猜測，所以，如其能把許或孫氏方法的缺點找出，加以修正，如其能精密地應用這種方法，其結果，一定會確實可靠。

這種方法正是救往時的對照和推斷法的窮的，雖則有些文字是找出不對照的材料，而且推測不出牠們的意義來的，因為本是人名或地名，器物的殘缺不可句讀，和器物的銘過於簡單，或本是隨意塗寫的，種種關係。只要字形清晰，我們依舊可以認識。這種方法是科學的，因為這是根據全部已經確然認識的文字歸納出來的。往時的學者可以憑他的理想去認識一个字，他所持的理由的奇怪，是別人所想不到的，但在現在，我們舉出這一个方法，和化學方程式一樣，任何人都可以去試驗，只要能精密地試驗，其結果總會是一致的。

這種方法固然是科學的，但還有兩樁缺點，第一，這種方法很難應用到原始的單體文字，因爲有些原始文字，和後代文字的連鎖是遺失了的，第二，愈是分析得精密，窒礙愈多，因爲文字不是一個時期發生的，而且不是一成不變的，假使嚴格地認定一个型式，那末在別一个型式下面所組成的字，就無法認識了。

但我們不能因此就廢了分析法，我們需要嚴格的分析，不過，同時須注意到文字的歷史。我們所見的古文字材料，有千餘年的歷史，不獨早期的型式和晚期的型式中間的差異是很大的，就是同一時期的文字，也因發生遲早的不同，而有許多的差異。文字是活的，不斷地在演變着，所以我們要研究文字，務必要研究牠的發生和演變。

這種研究，以前雖間或有過，但都是一二小節，例如在說文裏說到的二和一的變化，艸和茻的通用之類，後世學者沒有注意到這上面，所以沒有什麼進步。

我們精密地分析文字的偏旁，在分析後還不

能認識或者有疑問的時候，就得去追求牠的歷史，在這裡，我們須切戒杜撰，我們得搜集材料，找求證據，歸納出許多公例。

這種研究的方法，我稱牠做歷史的考證。偏旁分析法研究橫的部分，歷史考證法研究縱的部分，這兩種方法是古文字研究裡的最重要部分，而歷史考證法尤其重要。向來文字學者，對於偏旁分析，已經不很注意，即偶尔注意到，也不能精密，至於歷史的演變，更是茫無所知。所以，古文字的研究，雖已有了很長的時期，其成績卻是太微了，甚至於我們不能把牠當做一種科學。

著者最初研究文字學的時候，專想替說文做注，受了吳大澂孫詒讓二人著作的影響，才研究金文，其後又受了羅振玉王國維的影響，才研究甲骨文。那時，我已經注重偏旁的分析，對各家的錯誤，常有檢討，對於羅氏所用的方法，尤感不滿。

但是，因難就由此出來了。前人釋錯的字，可以用分析偏旁的方法來校正，但有些字不能說是釋錯的，而分析出來的結果，卻完全不同，例如：字舊釋「䠶」，由金文的「射」作「[广射]」作看來，似乎不會有問

題，但就偏旁分析起來，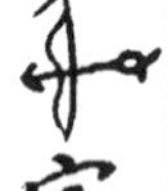字從矢從引，應當是「矧」字，又像：字就偏旁分析起來，應當是從每從㐬的「毓」字，但在卜辭裏卻一定得讀做「后」字，這種歧異，在一般人是不會注意的，在我，卻成了重大的矛盾，死守定方法，便和事實相背，不然，就要說方法不對。

近幾年來才明白研究文字還要用考證歷史的方法，這種矛盾也就消失了。字應識做「矧」，本是張弓發矢的意義，後來假借做「況也」的意義，而發矢一義的「矧」卻誤成「䠶」，因此分歧做二字，「矧」或「矤」字保留原來的字形，而「䠶」或「射」字保留原來的意義。至「毓」字本作，或作，後來形被誤識為「居」字，「居」字本當作，因改寫作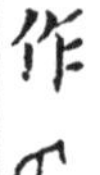，（見綴遺問鐸）又誤作「后」，遂和「司」字的反文作后相混。漸漸發見了許多規律，由此，

好些以前不能識或不敢識的文字也都認識了。

文字的型式有時是長時期固定的，有一時是不斷地在流動的，偏旁分析利於研究固定的型式，而流動型式，非考證歷史不可。我們要把古文字學建設為一種科學，這兩種方法是不能缺一的。以為古文字不拘型式而忽略分析方法，固然要完全失敗，拘定了某一固定型式而不去考證牠的歷史，也一定不會有所建樹。

歷史考證法是很複雜而繁難的，每一個字有牠自己的歷史，每一小組文字，或相近的文字，在演變時有共同的規律。這種歷史和規律，我現在雖還沒有完全找出，但已夠形成一個系統。不過在這裡只能分配幾個例子於下述各別節裡，其詳還請俟諸異日。

(子) 圖形文字的研究

在這書裡，已屢次說過的，文字的起源是圖畫，所以較古的文字，往往是一種圖形。在學者間常有一種成見，以為圖形不是文字，這是錯誤的，因為假如文字不是從圖畫裡直接演變出來，那就得在這兩者間有一道明顯的溝畛，而事實上是絕對找不出來。把㠯或㠯字認為文字，而把[illegible]或[illegible]字認為圖繪，不是文字，這種見解是矛盾得可憐。和，都公認是文字，和為什麼又不算文字呢？既把（咸）字列入文字，那末，或（戈）字應屏絕嗎？（狽字見集古遺文四卷三十六葉作和，狽簋彝）和，（彖毘在泉上，即彖字。）難道不是一脉相承，可以說此是文字而彼非嗎？

或人說圖形是族徽，或人說圖形是飾紋，所以不是文字。在銅器裡許多圖形，雖都是氏族的名稱，但我們不能因此就說這不是文字，因為我們知道許多銅器銘文的最末，贅有氏族名稱，例如「異井」之類，為何到了同樣在銘末的（大黽，見觚鼎等）之類，就不是

文字呢？至於圖形文字和飾紋的相類，乃是當然的事情，因為牠們同是發源於繪畫，那能不相類呢？然而不但夾雜在銘文中或刊在銘文地位的圖形，我們決不能認為飾文；就是夾在飾文裏面，像父戊卑盤的三字（圖十五）亞彘盤的兩字，（圖十六）雖被蟠繞在蛇形圖紋中，和亘盤（圖十七）相近，但確是文字而非飾紋，和作弄鳥壺銘文夾在飾紋裡是一樣的。（圖十八）

學者間所以有圖形不是文字的觀念，實是對銅器銘文沒有深切研究的原故。他們看慣了簡化了的象形或象意字，對於較近原始的象形或象意字，用圖形來表達的，茫無所措，就只好以為不是文字了。其實在卜辭裡的圖形文字，並不比銅器少，如雚字作，鳳字作（下象鳳之翎。）隹字的作或作，象的作，嚳的作，鹿的作，馬的作，夒的作，[illegible]的作之類，雖比銅器筆畫畧簡，大體說來，却比銅器裡來得更原始而近于圖繪，但是學者間沒有敢說卜辭裡有非文字的存在，何以到銅器裡却鑽出來這樣多的非文字的圖繪呢？（銅器裡有時以龜黽或鳥獸的圖做飾，但必特大，且不多見。）這種觀念，顯然是錯誤的。

我以為銅器裡的氏族名稱，往往是圖形文字，和其他銘文不同，這是因當時人對氏族名稱，尚視為神聖，所以普通文字，雖隨時代演進，獨對於這一部分，總保留住最古的型式。至於把文字和花紋相雜，只不過藝術上的一派作風而已。

我們現在所能搜集到的圖形文字，只是很少的一部分，這一部分裡，又大都是原始型的殘留，和純粹殷商系或兩周系的文字相隔很遠，中間的連鎖，很多已經湮滅，所以驟然看來，以為不是文字，——其實則是學者們不認識他們是文字。

所以，認識是唯一要件，我們將如何去認識這些近原始的圖形文字呢？下面是有五種方法，是我所經驗過的。

(一)由實物比較而得的，如：龜，黽，魚，鳥，馬，豕一類的象形，是一望可知的。這種認識是很簡單而容易，但只能限於普通習見的象形文字，而且我們須注意兩點：(1)、酷肖的圖形，(2)下沿的歷史。假如隨便比附，就可以說是䗪形，是蟬形，這種認識實是太危險了。

(二)由已簡化的文字比較而得的，像：的即大，的即，的即廿和止，的即，的即，的

卽𢆶，□的卽□，（奚字所從。）□的卽干和□，由□變干，或變爲朩，又變朩。
□的□卽□，□的卽中和毌之類。（□或作□，變作申，省作申，又變毌。）

（三）和異族圖形文字的比較，這是一樁很少把握的事情，因爲各種原始文字，大都是獨立發生的，所描寫的對象，雖間或相同，而聲讀義訓，往往迥異，硬把來附會，也是極危險的。但由比較中有時能找出一個圖形的意義的輪廓，例如埃及文的□，象有環的大杯形，和□殷的□字相近，這一類或許不是無益的。

（四）由分析偏旁而得的，因爲我們所見到的圖形文字，離原始時期已很遠，除了寫法稍異外，其結構和商周時普通型式的文字，大抵相近，所以利用偏旁分析法，依然可以得到很多的收穫。例如：

夢郼草堂吉金圖續編亞獏父丁鼎舊不識，或以為莫犬二字，今按是「獏」字。

貞松堂集古遺文一卷廿三亞虹鏡舊不識，或誤為恆字，今按從日，工，虫，是「虹」字。又見窓齋集古錄廿、十八亞虹父乙觶作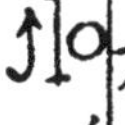，同。

殷文存下廿二亞旇父丁角舊不識，今按從㫃，從虹，是「旇」字。又見殷文存上四十㓨卣作並同。

殷文存上二亞玄鼎舊不識，今按從彐，從乚，是「玄」字。又亞玄父乙斝同。

殷文存上三九矢白隻卣從隹，從又，是「隻」字，即古「獲」字。又見殷文存下十六隻父癸爵作，同。

殷文存下十七雝父癸爵，舊不識，或以為雙爵形，今按從兩隹相對，是「雝」字。又見愙齋集古錄廿、二雝父辛觶，作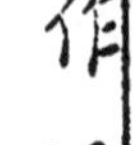同。

匋齋吉金錄續編下五維婦壺，舊不識，或以為玄鳥二字，或以為鴟字，今按從幺從隹，是「維」字。

殷文存下廿六葉天子咡觚，舊不識，今按從口，從耳，是「咡」字。又見愙齋集古錄七、五大保毀作，同。

殷文存下廿四徏觚，舊不識，今按從彳，從步，是「徏」字。又見上、廿一徏尊，作，敬吾心室款識下五八徏觶作同。

敬吾心室款識下六六婦聿卣，舊不識，或誤合聿為建字，今按從廴，從止，是「延」字。蓋作，微誤。

和前已說過的「猲」「虆」「覃」等字，現在不能遍舉。學者在這上面肯稍稍留意，圖繪不是文字一說，立時就會粉碎，而我們的字彙，就可多出好些較原始的文字來了。

(五)歷史的追溯。有些文字，既無可比較，又不能分析，或即使分析了，還是不能清楚，就要依賴這種方法了。方濬益把「𠂤」字釋做「斝」象形，引段氏注說文「斝从斗而𠮚象形」為證。（綴遺齋彝器攷釋廿三卷八葉。）其後，羅振玉說，亦與闇合。從斝字推溯「𠮚」的象形，知道本當作「𠂤」，這就是一个例子。

亞古父已盉的[illegible]字，（殷文存下卅二葉，器蓋銘同。）就是卜辭裡習見的「㠯」字，一高宗時一个卜人的名字，前人都不能識，我以為「古」字的原始型式。盂鼎古字作[古]，字形還相近，其證一。[中]即申字，（側書作毌。）所以婦[鬳]鼎，（殷文存上七）[甗]，（同十一）[卣]，（同四一）裡的「文姑」都寫做[㠯]，（庚[嬴]卣也說「文姑」，寫做[㠯]，可證。）其證二。我們由此可知「古」字本是從口[中]（毌聲）了。（凡從㠯[盛]之字，㠯卒為形，其例詳見上編。）

[?][?][?]的[?]字，（殷遺齋彝器攷釋十九、卌）又一器作[?]，（攈古錄金一、二、十五）昔人錯釋做犧形，這字在卜辭裡也常見，作[?]，[?]等形，就是葉玉森所派做「夏」字，而以為象「蟬」形的。我們不知

道□字怎麼會和蟬形相象，（蟬形見丙、申角作□。董作賓卜辭中所見的殷曆引白陶片（花紋）作□，銅器的蟬紋，作□□□等形，其異點本極顯著。）而『夏』字又何以要作蟬形。但在這裡，我們且先舍去這種夢囈，而看下列的比較，所舉的字，俱出卜辭。

□□□□□　龜

□□□□□　⿱艹龜

我以為□字和龜形仿佛，只有頭部不同，是毫無疑問的，所以就釋做『⿱艹龜』字。『⿱艹龜』字說文裡沒有，所以沒有人認識，我以為這是夕（許）篆（叔）裡（重）遺失了的一個字，因為牠和『龜』字太像了。萬象名義廿五龜部有『⿱艹龜』字，（按出任編今本）

玉篇「奇樛反，虬也，龍無角也」，此出廣雅，今廣雅譌作⿱艹龜。證一。原本脫。玉篇九龠部有「⿰龠⿱艹龜」字本誤作⿰龠⿱艹虎，今依萬象名義正「思條反，蒼頡篇：「⿰龠⿱艹龜」，韶九成也。……字書或簫字也。……」可見小篆本有從「⿱艹龜」聲的字，但今本玉篇則譌作「⿰龠⿱艹龜」，從「龜」。證二。卜辭又有「□」字，後編下卅三、一或作「□」，佚存七八。昔人也不能識，我以為當是從火⿱艹龜聲的「⿱⿱艹龜火」字，而說文譌做「⿱⿱艹龜火」，從龜。證三。卜辭常說「今⿱艹龜」，前編二、五、三：「今⿱艹龜其𦎫」，後編下十二、十四：「貞由今⿱艹龜」，同四二、三：「貞今⿱艹龜我入商」，⿱艹龜甲獸骨文字二、二六、十三：「今⿱艹龜其出降𢿘」。或作「今⿱⿱艹龜火」，後編下三三、一：「今⿱⿱艹龜火王其从」。又說：「來⿱艹龜」（佚存八九一片）我以為「⿱艹龜」和「⿱⿱艹龜火」都應讀為說文的「⿰禾⿱⿱艹龜火」字，即後世的「秋」字。卜辭有春，秋，無冬，夏，余別有卜辭中的春秋一文詳之。漢燕然銘秋字作龝，隸韻四、楊著碑「畏如秋旻」，秋作龝，可見漢隸還從「龝」，而說文部（偽象形義也作龝，不誤）誤做「龝」了，證四。由此，我們可以追究出龜字當釋「龝」，不過牠的意義還難明瞭，讀「虬」，讀「秋」，同是叚借，由字形推測，似乎是龜屬而有兩角吧。

我狠慚愧，不能把要說明，只兩个例子，已占了狠多篇幅，不能多舉別的了。我所經驗到的，這種追溯的工作是特別複雜而且繁難，初學者如其經驗不多，讀書未富，不妨且慢着手。但是有了把握以後，我們的眼光得特別放得遠大些。

因為原始的圖形文字，後來常變成形聲字，所以我釋「□」為「麋」，「□」為「麋」，見史學年報□白象放。這義現在不多成為定論了。原始圖形，後来常有因不便書寫而改易過的，例如□，即成（戌）字，（本象人荷戈形。）由□變成，再變成。□即足字。由□變□，又變□。本象全足形，卜辭作□同。按□變□與此同例。原始圖形文字，也有本很繁複，後来只存一部分的，例如□省作□（幸），說文作□。按本當□省做□。即「貫」字見南宮中鼎。這種說法，膠柱鼓瑟的人難免持懷疑態度，但研究原始圖形，不懂得這種演變，最後的難關是沒法打破的。

(丑)字形演化（變）的規律

文字的形體和牠的聲音一樣，時刻不停地在

流動，變化，要是單拘定了固定的型式，就沒有法子研究古文字。但所謂流動和變化，是有限制的，每一個變化都有原因，而在同一原由下面，許多文字必定作同一的變化。這種變化的規律，是古文字研究中最重要的對象。有些人開口就說「古文字變化無方」，而不去研究變化的規律，這是不科學的。

文字有古今的不同，以前的學者也曾注意到，例如說文「帝」下說：「古文諸二字皆從一，篆文皆從二。」但這種例不很多。說文裏的古籀和或體，往往本不是同字，只因古時偶然的假用，就誤併了。例如「旁」下有籀文「雱」。

而且許氏對這些重文，大都不去解釋。因此使後来學者得了一種壞習慣，任意把不同型式的字，併做一字，而在文字的演變方面，却不加注意。

文字的演變，有两个途徑，一是輕微地漸進地在那裡變異，一是鉅大的突然的變化。

前一種變異裡，有自然的變異和人為的變異。自然的變異，都是極輕微的，不知不覺的，例如：㞢變作㞢，不變作丆，大變作介，入變作八，○變作口，口變作𠙵之類，但到時代距離較久以後，也會變成很大的變其原来的型式，很難認識了。例如㚒字變做夰，又變做亣，又變做亣，一般人看慣了亣字，就不認識夳字了。（關于夳字的考證，已見廿一葉。）

人為的變異不僅是筆畫上的小小同異，由於各種理由而發生的變化，是異常複雜的，不過，假如歸納起來，實在不外刪簡和增繁的兩種趨勢。在幾千年来文字演變的過程裡，這兩種性質相反的工作，永遠是並行不悖的。

由古文字到近代文字的刪節工作，大概說来，有三種：

（一）原始文字，近于圖畫，寫的時候，太費事了。因是，有兩種簡化的方法：(1)把筆畫太肥不便刀筆的地方，用雙鉤或較瘦的筆畫表現出來，這種結果，使文字的每一筆畫，沒有肥細的歧異，和幾何裡的線一樣。例如：（大豖匕 犀毀）省做（大豖父 亿觚），或省做。字（亞[illegible] 傳尊）省做（丁，亞[illegible] 亿觚）和，（亞[illegible] 犀斝）或省做。（作父 乙爵）省做，或省做。省做，或省做。（省）變做。（省）變做○，或（省）變做▼，又省（變）做，又變做。省做，或省做，或省做十。（例如即捭字。）這一類是不可枚舉的。(2)凡筆畫多而複雜的字，常趨（向）到簡易的方面。例如：（殷文 存下）（十六 [illegible] 父癸爵）省做，變做，更省就做，或。省做

又省做，又省做。此見集古遺文十一、十五分甯小器，可為余說即[山豕]字之證。凡是研究這一類的變異，我們當抓住每字的特點，不可沾沾於筆畫的多寡。像鼎省做[山冂]，是不能拘定筆畫的。

(二)原始文字本是各種整個的圖形，後世文字因為聯綴成篇章的緣故，有了整齊畫一的趨勢。例如：馬、象、鹿、龜等象形字本是一樣的，鹿、龜所佔地位較小，得保留原狀作，，而馬象卻得橫寫作和以適應同一行中的別的文字。

到了形聲文字發展以後，許多文字都是由上下或左右兩部分組合的，由此，許多圖形文字，因為不能諧適而發生變異，例如：□字變做□，企□字變做□民，□字省做□，執□字變做□倏之類，都是由整個圖形分析成兩半的。由此我們可以推知□當即保或俘字，象人負子，孳乳為緥。□當即飛字，後變為□，或為□，乃開之本字。此種變異，在探索圖形文字時最宜注意。

(三)太繁的文字，往往省去一部分。例如：□字省作□，𩫖為墉的本字。□字省作□，□字省作□之類，又凡獸類的字，常只作首形，例如：□□□□□等字，都把下半字省去了。

古文字寫的時候，常有從簡省的，例如，各字或作□，嬰字或作□，楚字或作□，（楚王歙肯鈚鼎）這一類都是偶然的。不過，有時也會變成定型。說文裏常講到省形或省聲，但往往是錯誤的，因為凡可以稱「省」，一定原來有不省的字，而說文裏所說，大都不合這個原則。例如說「嬥」是嬥好省聲，倘不省，便不成字。

文字的增繁，也可分為三種：

(一)文字的結構，趨向到整齊的方面，因是在許多地方添一些筆畫，使疏密勻稱，大約有五類：

(1)凡垂直的長畫，中間常加•，•又引為一，間或為∨，例如：

凡U山山等均同。

千字同。

或變為平，又由平而變平。

金文𦳝辝二字，舊不識，由此可知乃莘辭二字。

(2)凡字首是橫畫，常加一畫，例如：

兀元本同字，所以虺就是蚖，髡就是髨。說文分二字誤。兀本作丆，兀首也。

而　而

不　不

西　西

其餘像辛、示、帝等均已見說文。

(3) 凡字首為橫畫者，常加八，例如：

口　㕣　吕亦作𠯑

冋　向

豕　㒸

酉　酋

像艸字的變𦬁，是例外。又此類從八，和𠔁字不同。

(4)凡字末常加一，一下又加一二或八，例如：

此類字有時可易八為廾，如是。

(5)凡中有空隙的字，常填以・，例如：

月夕本一字，後歧為二。

晶即曐字。

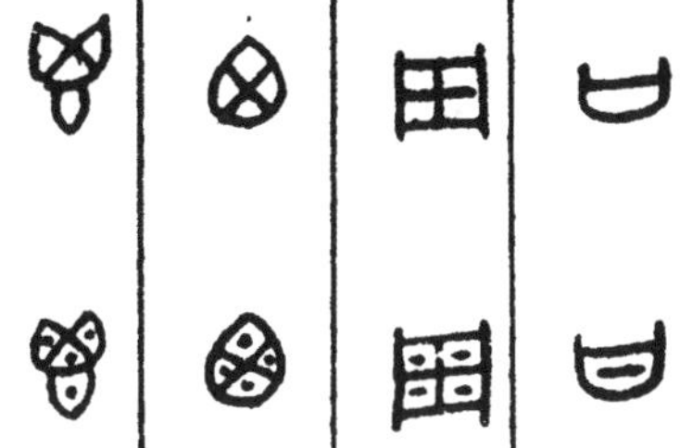

西鹵本一字，說文歧為二。

又□的變成□，柱下兩點和流內一點，都是後填上去的。□字由□字而誤增。龜形作□，中填四點，黽形亦同。

這種變異，在古文字裏的例子很多，不是上述五類所能包括盡的，像：□，□，□，早止，等字，都在一上加⊃作□，或作十，像：丂字變做□之類，即使偶然的變異，我們也應注意到。

(二)因為形聲字的盛行，在較古文字上面增加偏旁，例如网字增作罔，蜀後來更增做蠋，韋字增做圍，𢦏字增做奉之類。

(三)因為文字的書法，成為藝術，常增加筆畫或偏旁，例如：污寫作，加以小點，子寫作，（王子造匜）增以旁，更進加以鳥形的偏旁，就成鳥篆了。

漸變的文字，雖有古今的不同，但文字的本質還沒有變掉，牠們的歷史是能聯貫起來的。

突然變化的文字就不同了，牠們的原始型式湮滅，繼之而起的，是另外一種型式。

這種劇烈變化的理由，有些是我們想不到的，正像近世文字裡「戴」字變做「大」一樣。尤其是我們根據文字的型式而逆溯的方法，到這裡就失了效用了。

這種變化的過程，我已考出來的有三種：

(一)凡較冷僻或罕用的字，常被改為別一相似的字，例如前所說的黿字，被改為龜，鼉字作本是象形，而改為從黽。由此推測，可見「蟬」本象蟬形，（詳前）而改為「單」「蠅」本象蠅形而改從「黽」。（黽作等形，與蠅形近。）許多圖形字的湮滅，大抵因此。（凡獸形常改從犬，凡鳥形常改從隹或鳥。）

(二)本是圖形文字，因形聲文字的影響而注音後來把圖形文字省略而成形聲字，例如：〔古文〕字加注凡聲，後世作鳳，只是從鳥凡聲；〔古文〕字加注昔聲，後世改做耤，只是從耒昔聲。

(三)本是用圖形表達的象意文字，改為用音符的形聲文字，例如〔古文〕改做從貝毌聲的貫，〔古文〕改做從网予聲的⿱罒予。

這裡所舉的變化，都是型式方面的，還有很多變化，屬於字音部分，不在此篇討論之內。

(寅)字形通借的規律

凡是研究語言音韻的人，都知道字音是有通轉的，但字形也有通轉，這是以前學者所不知道的。

通轉和演變是不同的。演變是由時代不同而變化，雖說在周初還保存一部分圖形文字，商時甲骨，吴和天，[illegible]和[illegible]，同被應用，但圖形文字終於消滅了，吴和[illegible]也終於遺忘了，兩個時代的文字，有好些地方是截然不同的。至於通轉，卻不是時間的關係，在文字的型式沒有十分固定以前，同時的文字，會有好多樣寫法，既非特別摹古，也不是有意創造新體，只是有許多通用的寫法，是當時人所公認的。

通轉的規律，大約可分下列三類：

(一)有些型式，在後世看來是狠有分别的，但在發生的歷史的裡，原是從一個系統裡演變出來的，所以可以通用，也可以隨便寫。例如：□字有時寫作□、□、□等形，□字有時寫作□□□等形，古文字裡像這一類的别體是狠多的，有時在同一銘文裡，同一的字會寫做兩樣。例如：汧陽刻石裡的兩個「西」字一作□，一作□。

大字本象人正立形，有時畫做□，金文太字或作□。也作□。卜辭「天邑商」即「大邑商」。後來把天和□别讀做「天」字，天是人首的意義。兀字或作□，後來把□讀做「兀」，變做「元」也當人首的意義和此同例。後來

又把"天"字引申做蒼蒼的天，因把天別讀做"昊"，天亦大的異形。或天，金文大或變作天，即此。別讀做"昊"來做昊天和昊天的意義。"昊"字異構最多，作天，見昊生鐘，及浙陽刻石，又見伯白虎簋原字偏旁。或變天，見伯昊父簋及浙陽刻石，又見師鼎原字的偏旁。或變天，見鄧伯氏鼎。天或誤為天，見須白多父盤原字偏旁。大矢古多混亂。天或變天，見說文。按說文從夰的偏旁，並由大誤。這就是現存的"昦"昊字。天字變作天樊伯鬲□字偏旁。按金文並字或作□，知天本大的異形。天或變天，和天，此兩體未見。□或誤為□，見單白昊生鐘和上作天的昊生是一人。又為□，見毛公厝鼎，"肆皇天亡昊"，讀若□。天□或變□，見槙匜簋。凡○◎形得變為目，卜辭眔字作□□。□也變□，這是說文□字所從的。說文失"□"字，所以說"從三□大三目"。其實"□"是"犬"字演，變來的，三哭為奰，猶三大。二人為从，三人為㐺，二大為□（㚘）可見應有三大。□字變作□，□此體未見。按□或□，此亦大的異形。又作□，□或變□，殷契佚存五八一片。□或誤為臭，見海吳鼎□或變臭，說文臭大白，澤也。從大，從白，古文以為澤字。按說文「臭」本音「古老切」，可知即「昊」的異文。這是「臭」字。□字變作□，□字也變作□，金文凡從頁的字，或從見和兒。□或變奡，見說文。按「讀若傲」。說文引書：若丹朱奡，今作敖。楚人稱君為「敖」，當即「兩昊」的遺風。「奡」當即「昊」字的遺文。這是「奡」字。奡字說文訓「嫚」也，非是，當是人首的意義。□字變作□，□，□，又變作□，和大字變作□同。□字變作□，□，又變作□，也同。元和天同義，可見奡也剖人首，和頁字義同。在後世雖要分做昦，哭，臭，奡四形，但在古時都只是一个昊字，有很多通行的寫法。我們可以知道許多型式是能通轉的，只要能知道發生的歷史。

(二)凡同部(即由一個象形文字裡孳乳出來的。)的文字，在偏旁裡可以通用，——只要在不失本字特點的時候。例如，大，人，女，全象人形，所以在較早圖形文字，常可通用，像：

雖在後世文字裡，竟(即竟字，字今俟。)⿱立夭和妾不同，美和羌，善，異讀，奚字的別體，變成了傒和⿰女奚，但牠們原來的關係，很明白地已自己呈露出來。

從人形的字，常有通轉，例如：□字作□，首和欠字一樣，□字作□，有手和丮一樣，□作□，亦增手形。□字作□，□字作□，□字作□，□字作□，下半和□字一樣；□字增□，像尾字一樣，□或作□，增足和企字一樣；欠，丮，卩，尾，企等字，本是有區別的，在偏旁裡卻常可通用。

從水形的字，常可以不拘於□□□□□等形式的，從手形的字，常可以不拘於□□□□□等形式的，艸形和屮通，屮屮形和茻通，屮形和木通，這種例一時是舉不完的。

我再舉兩個有趣的例子：

凡是□形常作□，變作□，這是象足形的，所以從□和從□是通用的。凡是人形常作□或□，象他站在地上，所以□和□，大和□通用，□而□和□也通用。

例如：

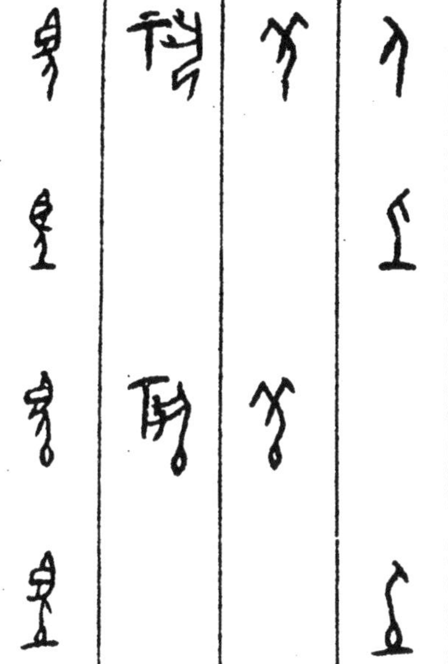

下二字並『壬』字，由□變□，皆說文所釋並誤。

由此亦可知『羌』為人形。

『祝』字。

『㒵』或作『𦣞』，說文以為『望』的古文，『望』字從月，從臣，從壬，並誤。『㒵』本『見』的孳乳字，『望』當從『月』從『㒵』，『望』字例同今署。

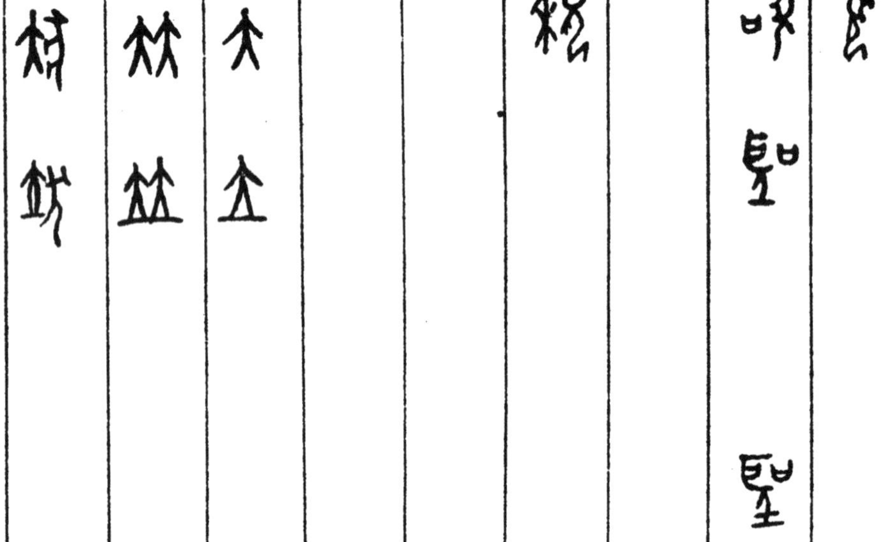

此見後編下、七、十三，舊不識，今按當是「耴」字。即「𦔻」字。

此第一字見龜甲獸骨文字二、二五、一四，舊不識，今按乃「𦕒」字，即「聖」字。說文以為從耳呈聲，誤。當從「口」「耴」。

「秜」字見前編二、三二、三，又五，舊不識，今按當即「程」字。說文以「呈」從壬聲，誤。𡈼之為呈，猶人𡈼之為𡈼。

卜辭「㚘」字舊不識，今按即「竝」字。

卜辭「㚘」字極多，舊不識，今按即「㚘」字，「㚘」字說文缺，三體石經以為「戾」字古文。

象艸形的字，有時也可用這個例子，像：屮即[illegible]，後變為[illegible]。

屮即[illegible]。後變為[illegible]。

凡人形可加足形而作夊，所以從人和從夊通用。後來夊變夂，所以說文把許多人形的字，截歸夂部，這是錯誤的。例如：

分別說下是"企"字，在偏旁裡通用，例如[illegible]作[illegible]。

[illegible]即燓字。

致即𦤶(侄)字，說文誤為到，從刀，又別出致字從夊。

允即夋字，故畯字金文作畯。玁狁之狁，金文作[illegible]，[illegible]即夋譌。

頁即夏字，金文頊字作[illegible]可證。[illegible]從[illegible]"夏"字作[illegible]，小篆作[illegible]，蓋從臼從夏。

小篆憂字作𢝊，當爲從心從夏，舊說並誤。

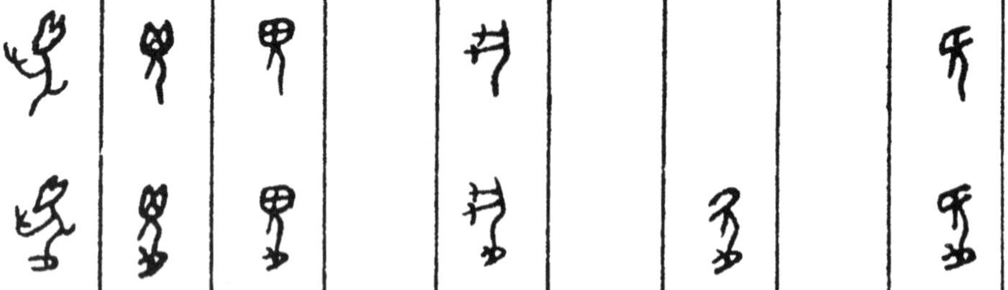

旡即㤅字。小篆愛字作𢜤，當從心從㤅，舊說誤。說文：旡，飲食气逆不得息，詩桑柔：如彼遡風，亦孔之僾，旡僾義相近。

夊即夋字。說文：夋，行夋夋也，從夊闕。按金文爵字作䧹，晉字作龠，上𠃌形，說文並夒作𠂆，則夂即夊字無疑，互篇忍同夃，忍似即下𡕩字。

𡕩即𡕩字。金文執、𡕩、𡕩、𡕩、𡕩、𡕩等字，並或從𡕩可證。𡕩或誤作忍。又或作𡕩，似即上說文夊所從出。

畟即畟字，說文：稷或作䄷可證。說文歧畟畟為二，釋畟為從田人夊，並誤。

𡕩即𡕩字。

𢚓𢜰即夒字。

[illegible] 慶字當可通作[illegible]。

[illegible] [illegible] 𢆶即慶字。

[illegible] [illegible] 夌即夋字。[illegible]由文孳乳，和乁形不同，但也是象人形的字，和大或作[illegible]同。

說文以為從夊從夫誤。

可見凡人形下的足形是不得分裂的。說文夋字，疑也是人形，但有譌誤。

(三)凡義相近的字，在偏旁裡可以通轉，像巾和衣通，所以「常」「帬」「幝」「帙」等字，可以作「裳」「裙」「襌」「袟」；土和𠂤通，所以「地」「里」「埤」「壇」可以作「陁」「陃」「陴」「𨼆」。𨼆字見徐籽鉨。

(卯)字形的混殽和錯誤

因為文字趨于簡單，簡單的形體有限，所以常有殽混。而文字的演變，又常會造成錯誤。有些殽混是由錯誤而來的，而殽混的結果，也會變為錯誤，這兩者很難分別。

古文字裡的錯誤，前人很少注意到，羅振玉在《周敦跋》裡說：

金文中別字極多，與後世碑版同，不可盡據為典要。即以此器言之，對字作[illegible]，譌別已甚。又王子申盞之盂字作[illegible]，□叔買敦敦字作[illegible]，且字作[illegible]，費字作[illegible]，量侯敦之敦作[illegible]，寶作[illegible]

眞戲之天作夭，内白多父戲之父作屮，往往隨意變化增省，類此甚多，亦研究古文所宜知也。

集古遺文六卷八葉

這个問題的提出，是很有價值的。不過羅氏研究文字的方法本不精密，所以他所提出的幾個字，有些是不能算做鵠别的，例如寶字增𤔲，和福字作畐一樣，這種加繁的形聲字，是極普通的。又如對字的作𢦏，正可以證明從辛和從丵的字是可以通用的，因為本都由▽形變來。所以𢦏字可以變做𦘦字，今鳳𤔲或𤔲字可以變做𤔲，見曾大宰𨟻父殷等，金文編把𤔲字釋為僕，甚誤。這一類決不能認為譌別。

因為羅氏没有詳細考證每字的歷史，所以他的結論是：往往隨意變化增省，而不注意分析偏旁的方法，這是他在文字學上失敗的最大原因。照我們看來，文字的型式，雖是流動，但不是隨意，而字所能包括，只要精細地研究，每個字的變化增省，都在歷史的範圍裡，總可以找出牠的原由，即使是錯誤，也一定是有原由的。

文字的淆混和錯誤，是一部分文字在演變過程裡的或然的結果，在文字的本身上，本只有演變只有我們去認識，解釋，或應用牠的時候，才覺得混殽和錯誤，而這混殽，錯誤的由來，仍逃不出演變和通轉的規律。

因為古文字多混殽，所以有些文字常被誤解，有些是後來人不敢認識的。或者是誤認。例如：𠙵凵是容易殽亂的，𠙵象人口，問，启，名，鳴等字所從都是。凵是象凵盧，在古文字多作𠙵，和人口無別，曶，魯，古，喜，合，等字所從都是。說文把古，喜，合，當做從人口的口，曶字變做曶，所從曰字也從口，魯字變做魯，從白，都錯了。凡從曰從甘的字，大都從凵盧形的口變來，說文從人口誤。

大字往往和夨字混殽，所以奊字會誤成[illegible]，吳字會誤成昗。人字往往和人　刀字混殽，所以侄字會誤成到，賓字會誤成賔，釁字會誤成釁。卜辭[illegible]字，前人不識，（羅釋溧誤。）由此例推，當是說文貧字重文的穷字。

古文字裏的山字作[illegible]，或作[illegible]，火字作[illegible]，本已相近，山字後變做[illegible]，火字後變做[illegible]和[illegible]，愈易殽亂。所以光字本作[illegible]，或體作[illegible]，從丘，可證，（集古遺文所錄觀羅氏甗器甚多，觥字或從[illegible]或從[illegible]。卜辭習見[illegible]字，或作[illegible]。舊不識，由此知亦光字。）却變成從火的[illegible]，而羔字本作[illegible]，象炮羊火上，變成[illegible]形，就誤為[illegible]岳字了。卜辭裏所祀的羔，即後世的岳。

卜辭裡的「足」字和「正」字同作𤴓，所以昔人不知有足字，近時郭沫若才區別了出來。囟字本象篆形，變做了因，（毛公鼎[illegible]字作[illegible]，者汈鐘作[illegible]，可證。）和因字作因相亂，我們由此可知詩小戎「文茵暢轂」的「茵」字，其實當作[illegible]字，當於說文的「茵」字，（囟即西字，釋席字誤。）羅後來誤西為因，就讀為因聲，添出了「車重席也」的「茵」字了。

文字的錯誤，有些只是字形的一部分，有些是整個文字傳譌了。前者例如：從㞢的字易誤為出，（[illegible]字亦或誤[illegible]。）從手形的字易誤為止，（例如：夒、夔、憂等字。）從屮的字易誤作[illegible]，（凡孚、妥等字，均由又誤。）從貝的字和從鼎的字容易互誤，從大的字和從人的字，容易互誤，例如□變為□，□變為□，□，□變為□□□，□變為□之類。雖多淆亂，還可找到同例。後者往往是特殊的例子，例如□（俎）的譌做□，（室）□（賓）的譌做□，（賓）其實也不很多。

混殽和錯誤是例外的，但我們不能因例外而忽置，不然，在研究的進行裡將時時會感到窒礙的。

（辰）文字的改革和淘汰

文字最先是描寫自然的圖畫，進一步要寫出人類意識裡的東西，就起了一種改革了，天字不代表人形而另外代表一個頂上的意義，這就不是簡畢的圖畫了。人形作□變成兀字，即兀字作□變成允字，由□作□變□。□字變成□（兒）字，由□變□，又變□。□作□變成□（欠）字，又或變成□（見）字，由□變□，又變□作□字變成□（頁）字，□，又變為□，由□變□，又變□。這些字大家公認了，通行了，本来由人首變来的意義，漸有忘却了，後来的人們以為□或□字的上面是象口形，□字是象目形，於是又造出□□□和□□□等字来了。

繼特徵的描寫而起的改革，是圖形的簡化和聲化，结果有形聲字的產生，而難寫難識的字，很多滅亡。

商周之際，形聲字已極發達，卜辭和金文所見，只有一部分，其全部的數目，決不比後世所存的形聲字少。像從王的專字，玟，珷，瓕等，用途本不狠廣泛，像鎜，盨，鬻，鍚，瀊等字，偏旁日趨重複，都可以看見那時人過於利用這種新方法了。史籀篇是這一個風氣下較遲的作品，太史籀這个人，王靜安以為烏有，但十五篇，向歆時尚全，似不應誤舉篇名做人名。按漢書人表四等內有史留，次臧讓上，或就是作此篇的史籀。所以籀文好重疊。

另外一方面，文字漸漸趨向到整齊和簡省。形聲文字的型式，是容易整齊的，形聲前的文字，除了簡化和聲化外，又創出一種方法，就是反文。春秋傳說：

「反正為乏」，其實正字本作⿱口⿰止止，或作⿱口⿰止止，原象兩足征行方邑的意義，省做一足，作⿱口止，作⿱口止，是不拘的，變成了正，和乏也應一樣，何以乏又是「乏」字呢？我以為「乏」字本不這樣寫，凡是這一類，全是經過改革的。卜辭習見⿱中止字，藏龜六十、一，前編五、五、七，戩壽堂殷虛文字四五、八等。鐵或作⿱中止前編五、四六、四。前人不識，我以為從止從毌，毌即毋字，象盾形；而「乏」字本義是「持獲者所蔽」的革盾，見儀禮和周官可見⿱中止就是乏。「正」字作⿱口止，「乏」字作⿱中止，形體相近，後人就改做「反正為乏」了。反人為匕，反矢為夭之類，都是一個情形。匕本作𠤎，和𠆢（人）不同。夭本作犬，和夨（夭）不同。這一類的改革，雖脫胎於反左

ㄅ為君，ㄡ及止為ㄓ，在古文字裡只有左右確是有別，因為人的左右手是有別的。但也只是分象兩手，並不是反左為右，而且只限於單字，在偏旁裡，ㄓ又還是通用。可是把好些古字的獨立型式給毀壞了。

春秋以後，是文字的大混亂時期，各國文字，都自成風氣，就在一國裡面，有時極意摹古，像楚王酓肯鼎的『獲』字還作『隻』。有時卻簡俗譌別，至不可識。說文裡，三體石經裡，所錄的孔壁古文，就是這個時期裡，齊魯間的一種文字。

秦併天下，統一文字，因而制定了小篆，小篆是根據秦地較近古的文字，參酌損益而成的。我們只看。十字的變為宀，十字的變為七，以兇和十十字相混。"早"字"卓"字和"戎"字，又因是和十形相近而改為早，卓，戒，這都是錯誤的。早字本當作早，和旦相近。由早變早。戎字最初作戒（見識罗爵，舊不識）變為戒（見孟鼎），篆戈，楯形。更變作戎，或變作戎。就可以知道這是經過學者們有意的改革的。

這是一个很大的改革，因為由此以後，只有小篆流行，而以前的古文字大部分被淘汰了。小篆雖有整齊同一的功，但因改革而起的錯誤，是不可枚舉的。

有些文字，從一字誤分為兩例，如：了字既變早，氏又變為𠂇；久。按“久”即“氏”字，說文解誤。圕字既變俎。又變為圅；宜[glyph]字既變𧰨，彖，又變為豙；豙。按卜辭[glyph]或作[glyph]，金文[glyph]作[glyph]，舊釋豩非是。又[glyph]侯[glyph]不敢[glyph]，舊釋為豩，亦誤。[glyph]或作[glyph]，豙字當由此而誤，豙豩聲相近，當讀作豩。[glyph]字既變[glyph]，又變為[glyph]之類。但有些文字，像[glyph]：[glyph]，[glyph]䌷之類，因而湮沒的，也就不在少數了。

（巳）每個文字的歷史的系列

考證文字的歷史，除一般的規律外，還應注意每個文字的歷史，其（評考）發生和演變。這種工作，有時雖因材料不夠而感到困難，例如“斤”字的作𠂇，這字的原始形，大概當作𠂇。怎麼會變成斤，是很難推想的，但假如能每字，找出較詳細的歷史，則真確的認識，將會增加可信的程度，而虛誣的論斷，也無由隱匿。

以前的學者，不注意這方面，所以有些字認的雖然不錯，却無由證明。例如：沬奠的𤔲字，金文編釋做懿，郭沫若因之釋匽卣的「𤔲王」為「懿王」，這在「生稱王號」裏，誠然是很重要的一條，但「𤔲」字與「懿」字形相去太遠，即使「𤔲王」「𤔲母」，此見父鼎。沬懿𤔲彝孟姬，沬𤔲德奠潛中遼。都讀得通，還不能叫人無疑。我本人就曾懷疑過。學者間至今懷疑的人很多。

我們知道「𤔲」或「𤔲」，一定是從「心」，再從「𤔲」的「𤔲」字右旁從"欠"是無疑的。或作㞢，即旡之誤，一證。旡或作旡，沇公華鼎亂字作𩰫，二證。左旁所從的亞是什麼字呢？

內太子白壺的"壺"字，蓋作𡘿，器作亞，見武英殿圖錄一三葉。可知亞就是"壺"字，但我們還要追問壺字會什麼可作亞形呢？且看下表：

我在這裡雖只舉"壺"字歷史裡的一部分，但已很夠說明壺何以會變成亞或亞了。

那末，亞應釋做"𡔷"，𡔷應釋做"懿"，再看下邊這個表：

壺—⿰壺欠—懿　金文

壹—⿰壹欠—懿　小篆

就可知道⿰壺欠確即懿字，說文："懿从壹恣省聲。"漢隸多作懿，或變作懿。按从欠从次通。⿰壺欠當為⿰壹欠字，朱駿聲懿注引或說云："此字从心⿰壹欠聲，"甚是。最後的問題，只是从壺的字到小篆裡為什麼變成从壺吉聲的壹字，一个音韻上的問題。說文："壺昆吾圓器也，"昆吾當是壺的別名，那末壺的上古音，當讀為昆吾的合音。後來，壺字既改讀今音，古音別有流傳，就增吉聲為壹。

這種真確的事實，系列出來可以增加讀者的信仰。但如其是以意為之，系列出來後，更容易看出錯誤。例如：

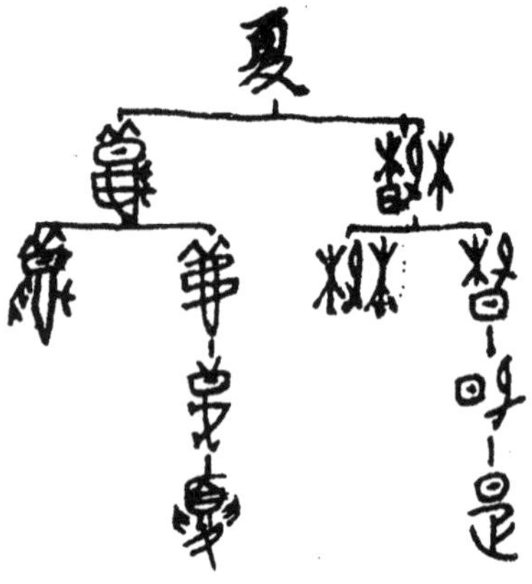

這張表裡[illegible]怎麼會變[illegible]，吁怎麼會變是，我們是沒有法子懂得的，只感覺到奇誕有趣而已。

列出一張表來，在近來似乎是很時髦，但可惜在列表以前，對文字的歷史沒有研究，以致白蹧蹋了列表的時間，連帶躭誤了讀者的工夫。許多學者都會用「我以為」三個字，一切都可以自我去創造，不管聲音訓詁，不管歷史演變，於是可以說[古文字形]貞字是從龜版兆裂形變來，可以造出[古文字形][古文字形]兩字而列成一張大表，這種勇氣是值得佩服的。

我們是沒有這種勇氣的，先假定好幾種演變，譬如說虞嬀是虞舜的後裔。來列上一張表，是不敢嘗試的。所以，一定得分析偏旁，考證歷史，到最後才做這一個總結賬，只要憑着各本底賬，弄出一紙清單，就完事了。

庚　字義的解釋

字義的解釋，可分三部，(一)本義，凡文字都有本義，就是最初寫這个字時候所表示的意義，這是屬於文字學的。(二)語義，因為文字是傳達語言的工具，沒有適當的文字形式可以代表語言的時候，就衹取字音來代表。這種意義和形式無關，是屬於語言音韻學的。(三)詞義，因語言的進化和文學的興起，在意義相同的文字裡，發生出許多區別，這是屬於文法和修辭學的。

在這書裡所要講到的，只是屬於文字學的本義。

也許有人要指摘「本義」這一說，因為實質上還是代表語言。但請不要忘却文字是從繪畫出來的。用聲音來傳達到聽官，用摹寫形態來呈露到視官，這本是兩件事情，後來雖合併為一，但一部分字義的決定，還是由於字形。同是沆音，𦍌義是羊頭，昜義是陽光，昜洋是水中有羊，陽是山之陽，要是不顧字形，意義是不能確知的。

研究文字的本義，大抵可分兩種，(一)，象形和象意文字，應追溯這字所象的物事。(二)形聲文字，應由所從的形，斷定義的一部分。例如從水形，必有水的意義。

自周以後，文字學家都奔追求文字的本義。這裡可分两个時期，第一時期是根據春秋至秦的文字的一部分，用六書說来解釋的，第二時期是古文字研究發展以後的，從鐘鼎文字推到甲骨文字，但依然在六書說的範圍。我們現在要用新文字學的理論来解釋，則將是别一時期的起始。

六書說的短處，象形，指事，會意，指事，形聲，往往是分析不清的。我們的新條例是：(一)，文字只有形符，意符和聲符，即象形，象意，形聲。象語雖也是意符，象聲雖也是聲符，但本無其字。(二)象形只象實物的形，除形以外，表示别的意義，便非象形字。(三)象意文字画出一切事物的動態或靜態，凡象意字都像一幅簡單的畫，見畫可知其意，所以圖形儘可省畧，例如名字像月下有人說話。意義不可曲折，例如"止戈為武"，止解作停止，"人言為信"，言解作說話，但止在圖形裡只是腳形，要先借做停止的意義，就變成猜謎了。言字從口或辛，本不當言語講。凡違反這例的，便非象意字。武字是被誤解的象意字，信字應是從人言聲的形聲字。又按六書說出來後所新造的會意字，不在此例。（四）凡象意字的變為形聲字，是聲化形聲字。（五）凡兩個以上的偏旁組合起來，中有一個標音的，是形聲字。

根據這些個條例，我們的解釋文字，比往時容易的多了，因為除了象實物的象形字，和注音的形聲字以外，盡是象意字，範圍既定，解釋就不難了。

但是還有許多困難的地方。許多圖形文字，因簡化或錯誤，以致解釋困難，是其一。許多文字的本義，久已湮晦，只有引申假借的意義，還能知道，此其二。有許多文字，已久廢佚，此其三。

所以，關於字義的解釋，需要做許多考證。這種考證的方法，應注意三方面。(一)字形的方面，應找出最古的型式，其演變或錯誤為今形，應有詳細而可信的理由。(二)字音的方面，應有證據。或本字雖失本義，但尚保存在諧聲字裏，或本字被假借為別義，而本義却又叚借聲近的别字。(三)字義的歷史，雖則一般不以為本義，但還保存着這的種解釋，也可以做一種證据。

能夠三方面完全有證据，那是最好的了，例如：甲字作十象甲坼形，十，十，十，義均相近。乇草葉也，和坼聲相近。天象人形而特指其顛。說文：天顛也。

本義雖已湮晦但在形和聲方面有確切的證據，這種考證也是可信的。例如：萬字是蠆即蠆形，辰字是蜃殷形，此郭沫若說，按辰本當作辰辰，變作辰辰等形。辰象手持石斧形，我們在孳乳字裡還可以找出本義。又如中變為中，為申，又為毌。

字是干形，此郭沫若說。按干毋非一字，後世借干為毋，郭氏謂干即毋形非也。干自作Y，與單同源。毋亦作串，於六國時文字中的偏旁則作[illegible]、[illegible]、[illegible]形，聲並相近，後遂以干為毋。[illegible]㐁字是簟形，因羅氏釋席誤。廣雅：「㐁，席也。」本義尚存。說文：「㐁，讀若三年導服之導。」導即禫字，則㐁當讀如簟。大概㐁義漸晦，就別造從竹覃聲的簟字了。我們在別的段借字或後起字裡還可以找到本義。

因為字的本義是由字形來的，所以辨析字形，最要精細。在字形的所象，沒有十分把握，就要推其「夙說」，這是太危險了。除了字形所象，還要廣徵文字的歷史，在字的音義上能獲到相當的證據。這是解釋文字的必要的條件。

許多學者的膽是大的，心却未免太粗。要把卯字講做雙刀形，就說卯的原始象形本作𠔌，但這形却是臆造的，說文所引六國古文也只作非。按卯古讀若劉，柳，留等字，疑丣卯本一字，丣即象卯形。凡中空者得加點，例見前。卯劉聲相近。把丗字釋做死，就說人在棺槨之中，其實丗字不會有棺槨意義的。按丗字郭沫若釋因亦非。當為丼，即荆字。古人字每誤為刀，前已詳舉其例。丼象人在陷阱中。誤為荆，乃增人為例，猶侄誤為到，乃增人為倒，例同。因為兕字倒寫作𠑹，見後編卷下一五。凡五見，一作𠑹。筆誤作𠑹，見龜甲獸骨文字一、十五、六，中直筆誤長。把兕字釋為眣侯的形狀。其實兕確象小兒，初民繪畫粗劣，故不具身手，但見首足。我們可以看出，(一)杜撰古文，(二)不顧偏旁，(三)附會誤體，這些疵病，都是研究字形未精密的緣故。也是忽略了形音義三方面歷史價值的緣故。

辛　字音的探索

研究古文字的讀音，是極難的事情。凡是象形或象意字，在未確實認識以前，加上一个讀音，是很危險的。形聲字的聲母即使辨明了，但古代讀法，是否和後世相同，也還是疑問。

但是，讀音還是不能不注意的。我們第一得找出古音的歷史證據，例如：西讀若導，皀讀若薄。其次得確定形聲字非形聲字的界限，和形聲字裡的聲母，例如：古舊以為從十口，實是從凵（凵）母聲，龍舊以為童省聲，實象蜥蜴類戴角的形狀，這是得區別的。又如信字得讀為從人言聲，猶闇同。不當讀為從言人聲，這類也得辨明。

由文字的叚借，可以推見古音，例如：卜辭霾字作□，從雨□聲，□即貍的本字，貍就是貓，可見貍音當和埋或貓相近。⿱宀憂字作⿱宀帚，獶字作⿰犭帚，可見帚作憂音，帚假為婦，可見婦本讀帚音，那末，帚、憂、婦等字，古音相近。這問題我合羅莘田、魏建功二氏討論過，在音韻學上是講得通的。從形聲文字裡憂聲特别發展一點看來，似帚字古本讀若憂。

五　研究古文字的戒律

一个人做學問，總要能有所不為，才能有所為，前面幾章裡我提出了許多當為的事情，在這章裡所要講的，是不當為的事情。

古文字在目前，是一般人所急於想懂得的，但過去的研究成績，不能饜一般人的欲望，所以現在研究古文字的人特別的多。不過除了守師承，宗舊說的學者外，都是片段的研究，沒有用整部古文字做對象的。

在學者們片段的研究中，固然有許多精確的

發見，但最大的弊病，是沒有一定的理論和方法，因之也沒有是非的標準。在同一的題目上，各自做了說，各人都以為自己是對的，在局外的人，當然辨不清誰是對的。這種現象所引起學術上的損失是很大的。第一，許多別的學術，像古史學，古社會學的研究者，處處和古文字有關，因此就不能進步。第二，許多學者的自尊心加强，只要自己說的話，總是對的，不願接受批評和忠告，因之，阻礙其個人學業的進步。第三，猜謎式的風氣既盛，有些人對於這種研究就灰心起來，以為是沒有出路的，有些人借此幌子，以賣狗肉"。因之，弄成極大的混亂，初學者無路可從，而阻礙這種研究的進步。

著者想在這種現象裡，闢一條出路，所以替研究古文字的人，設了下面的六條戒律：

(一)戒硬充内行　凡學有專門。有一等人專頑票式的來幹一下，學不到三兩個月，就自謂全知全能，便可著書立說。又有一等人，自己喜歡涉獵，一無專長，但最不佩服專家，常想用十天半月東翻西檢的工夫做一兩篇論文來壓倒一切的專家。這種做學問，決不會有所成就。

（二）戒廢棄根本　在前面我已經講過研究古文字必須有種基礎知識，並且還要不斷地研究，尤其要緊的是文字學和古器物銘學。有些人除了認識若干文字，記誦一些前人的陳說外，便束書不觀，這是不會有進步的。

（三）戒任意猜測　有些人沒有認清文字的筆畫，有些人沒有根據精確的材料，有些人不講求方法，有些人不顧歷史，他們先有了主觀的見解，隨便找些材料來附會，這種研究一定要失敗的。

（四）戒苟且浮躁　有些人拿住問題，就要明白，因為不能完全明白，就不惜穿鑿附會。因為穿鑿得似乎可通，就自覺新奇可喜。因新奇可喜，就照樣去解決別的問題。久而久之，就構成一个系統。外面望去，雖似七寶樓臺，實在却是空中樓閣。最初，有些假設，連自己也不敢相信，後來成了系統，就居之不疑。這種研究是愈學愈糊塗。

（五）戒偏守固執　有些人從一個問題的討論，牽涉到別的問題，因而發生些見解，這種見解本不一定可靠，但他們却守住了不再容納別說。有些人死守住前人成說，有些迴護自己舊說的短處。這種成見，可以阻止學問的進步。

㈥戒駁雜糾纏　有些人用一種方法，不能徹底，有時精密，有時疏闊，這是駁雜。有些人缺乏系統知識，常覺無處入手，研究一個問題時，常兼采各種說法，連自己也沒明瞭，這是糾纏。這種雖是較小的毛病，也應該力求擺脫。

凡研究一種學問，第一要有誠意。我想真要研究古文字學的人，一定會接收這種戒律的。

六　應用古文字學

甲　古文字的分類（自然分類法）和古文字字彙的編輯

古文字的分類，向来没有精密的方法，除了用義或音類次之外，只有說文的分部和鄭樵所創的分六書。

宋以後，鐘鼎文字的分類，完全是用韻的，到清莊述祖才想自創系統，但還和說文相近。嚴可均、吳大澂，完全根據說文分類，以後的古文字字彙没有不襲用這種方法，除了林義光的文源，是例外的。

因為六書說本身的不精密，所以用六書分類，是比較困難，且不方便。依照說文分類，則有一定的次序，只要照樣葫蘆，所以一般人都喜歡用牠，也可說，除此之外，别無辦法。

但是嚴密地説來，說文分類法的本身，很多可議。既想把部首當做「文」，原始的文，却又在屮部底下有艸部，茻部，而且還有了蓐部。屮字象形，是初文，艸和茻，和芔字有什麽不同，把芔字附在艸部，而艸和茻獨立為部首，又把明明是形聲字的蓐也昇做部首，可見是只要擁有所從的徒衆，就不管是否初文，同可做部首了。而且大字人字，都可以分做二部，有許多部首根本是不必要的。還有每部裡的象意字和形聲字都雜在一起。還有許多古書裡的段借字，附在別部裡作爲或體。還有些文字的隸部不當，例如盩字應入皿部，因沒有教字，就誤入幸部。

所以用說文來排比古文字，是很不妥當的。尤其是古文字材料日益豐富的現在，許多文字是說文裡所沒有的，字彙家以意編次，有的附在部末，有的列入附錄，同一部首的字，有時分見十幾處，而同部的字，偏旁又多不和部首一致。

這種方法只好叫做排比，講不到分類。由這種排比出來的字彙，既不能看出文字的發生和演變，又不能藉以作同類文字的比較研究，在最低限度內，也不能予一般人以檢查的便利。許多字彙附有檢字，但這種檢字是為釋文做的，不是為古文字做的。在檢字裏有苣字，事實上則是甾字，檢字裏有敍字，事實上則是弟字，假使要查炽弟二字，檢字裏就沒有了，這種檢字，絲毫沒有用處。所以，這種編法是失敗的。

在九一八慘變那一年的春天，我在瀋陽一家小旅館裏，開始用自然分類法來整理古文字。最先計劃做《名始》一書來代替《說文》，第二年秋季後在北京大學教（寄廬）鐘鼎文字，才實現這計劃的一部分。後來覺得範圍太大，太複雜，就把殷商，兩周，六國，秦系的文字分開來研究，而把《名始》擱在將來去做。這兩年来所講的般虛文字和鐘鼎文字，是根據這个計劃的。

捌立自然分類法的目的，是要把文字的整部的歷史用最合理的方法編次出來。因此，我決定完全根據文字的形式來分類，而放棄一切文字學者所用的勉強湊合的舊分類法。

我們的新分類法和文字發生的理論是一貫的。因為文字是由繪画來的，較古的象形和象意文字都是圖形，而最早的繪畫，只象實物的形，所以用象形做部首，由象形字分化出來的單體象意字都隸屬在『部』裡，例如：

人部　⺈

允字由[glyph]變来

兄字由[glyph]變来

欠字由[glyph]變来

（中段節去）

[glyph]　尸

由原始象形字或單體象意字所分化出来的合（複）體

象意字，則隸屬於『科』，例如：

人科　⺈

从

科欠

吹

由象形，象意，（包括單體複體。）孳乳出來的形聲字，則隸屬於

系。例如：

系人

伊

系欠

欭

根據這个方法，就可把每一个原始象形所孳乳出

来的文字，都組成一个系統。

部和部間的繫連，我廢棄了許叔重的據形系連法，而分象形字為三類，第一是屬於人形或人身的部分，第二是屬於自然界的，第三，是屬於人類意識，或由此產生的工具和文化。用這三大類来統屬一切象形文字，同時也就統屬了一切文字。

但是古代文字的發生，不是整齊畫一的，有些單體象意字，事實上和象形字一樣，例如夨字的作大，此和𡗜或（作𡗜同。）屮，乎，乃，𠁩等形，每字都更分化出好些單體象意，因此，我添出一个「支部」的名稱来。（如：大支部，女支）

部等。有些複體象意字，分化出来，還是複體象意，例如水字，本屬水科，而又有從水的沝字，就只好添出一个水支科来。而形聲文字裡，像：齒從止聲，而從齒的字很多，就可以列為齒支系。

上述的分類法，用圖示如下：

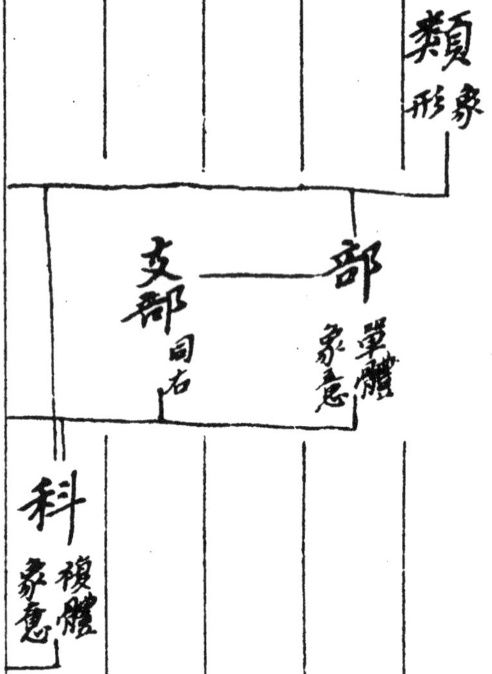

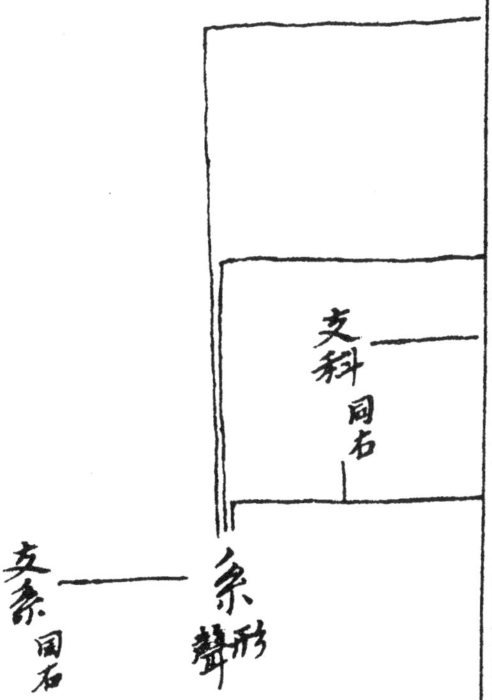

這是合理的分類法，我們由此可以看出文字的孳乳和演變的情形，可以取同類的文字比較，可以推出文字的涵義。雖然，要捌立一個新的系統，將遇見許多困難。例如：象形字的確定，川字，我先以為象形字。後來才定為象意字，當隸于川部。川水形，與乚異。川物質，與火意同，乚地理，與山意同。象意和形聲的區別，形聲字裡聲母的找出，以及部，科，條理面列字的次序，在實用時，新問題會絡繹以來，不過都是枝節的問題，也得要用心去解決的。

編輯古文字字彙的合理的方法，當然只有自然分類法了。不過，應用這種方法，不是短期內所能成功的。在暫采別的方法時，至低限度得具備下列四個條件：

(一)得用古文字偏旁做索引，且必每一偏旁俱作索引。如傳字當分隸亻十叀寸四部。

(二)得每字詳載出處。

（三）每字下所輯重文，當依歷史排列。

（四）每字所出的銘文，當附注。

至於合乎理想的字彙，要遵守這些規律，是毫無問題的。

乙　研究古文字和創造新文字

有些學者瞧不起古代的東西，以為把塚中枯骨翻出來整理是無用的，但單就文字學一端，我們就可以證明這種觀念的錯誤。

文字是一個民族裡的文化裡最重要的工具，文字的難易，和文化的退化或進步有密切的關係。我國現行的文字，字形太繁而難認，形聲字雖有聲母，但多變化，同一聲母的字，讀法不同，難於記憶，這種困難，使識字的人減少，而文化降落，所以有識的人士，都在想法改革漢字。

改革漢字運動，有兩種，一種是簡字，一種是拼音文字。前者雖也極盛一時，但原有的簡字不多，不足供改革的需要，而且毫無規律，有時比原字還難認記，不注讀音，還是難認，所以一般人都以為不是澈底辦法。後者雖現在難於實現，或竟永遠不能實現，而一般人卻都認為合理的改革。

我由文字學的立足點說，是不贊成把漢字改成拚音的，因為注音文字的優點，遠勝於拚音。

(一)注音文字，因音字多，字音單簡易記，國音常用字彙所收九千字左右，只有二百六十五個音單位。每一音單位，有聲調的不同。假如改為拚音文字，勢必字不同音，以英語來說，近出韋氏字典有十二萬字，雖有些同音，但音單位的多，不便記憶，是毫無疑問的。即以戴克氏所選常用一萬字，而論，除了從小時所習熟的言語外，要從書本上一一記憶也是根困難的。

(二)注音文字，因有形符，規定意義，便於瞭了解。尤其是專門名辭，可以不費力的解釋。例如：銅，鋅，一望而知是一種金屬。但拼音文字沒有這種優點，在沒認釋Copper和Zinc之前，只覺得是一堆記號而已。

(三)根据上一個理由，注音文字，便於研究科學。假定由聲調的變化，把二百六十五個音單位，變成一千幾百個音母，同時再規定五百个形母，至少可以造出五十萬個字來，這是儘夠用做新名詞了。不夠的話，還可以兩字或三四字組合成複合字就可無窮。但我們除音單位外，只要認識五百個最簡單的形母，這是不很難的事，所以科學知識易於普及。拼音文字防字音的漏同，須把科學名辭造成難於記憶的字，有時因實用的不便，又改作減寫或記號，更難記憶。所以一般人看到有關科學的術語，便覺茫然。

（四）以文學的方面說，注音文字因有形符的關係，有字形上的美麗的色，又因每字單音而具聲調的關係，可以做對偶，這種優點是拚音文字所沒有的。

（五）以藝術方面說，注音文字方整劃一，所以書寫的藝術特別發展。這也是拚音文字所不如的。

由上五點看來，注音文字在學術文化上的價值，確在拚音之上。在口語裏同音字多，雖是一種短處，但不是沒有法子補救的。例如一隻雞和一架機器，顯然有別。文化的進步，不在語言的繁複難記，而在所用以記載的文字，簡單而易於理解，注音文字正是適合這種條件的。我雖不贊成把漢字改成拼音，但同情於漢字的改革。我以為改革漢字，並不是見異思遷，而是求漢字的合理化。

當我們研究文字史的時候，就可知道古文字是從象形和象意——圖形文字轉變成形聲文字——注音文字，這是漢字的一個大進步。尤其是變為注音而不變為拼音，是很有價值的。形聲文字發展後，圖形文字逐漸淘汰，到小篆時代，形聲字和非形聲字的字母，合計不過一千左右。除了非形聲字外，只要讀出聲母就得本字的音。現在的形聲字讀音和聲母不合，這是年代太久，聲音變化必然的現象，不足為形聲字病。

我們既需要改革，使文字合理化，那我們就得研究過去的歷史，保守或擴充其優點，而修正其弱點。由此我發見形聲字，即注音文字裡列有形符，即義符這一點，應該保守或擴充，所以我主張創造一種。新形聲文字。

這種新文字的目的，一方面要保持固有文字的優點，一方面要求其更簡易合理而能儘量便利於學術的研究。要使舊有文化不致因改革文字而衰退，而新文化又易於促進。

根據這種目的，我規定創造新形聲字的大綱如下：

(一)凡文字分字母及形聲字。

(二)字母以形母為主，即義母。至多約五百字左右。說文五百四十部首，大半不夠形母的資格，當加考證，選擇歸併。一方則增加新部首。形體方面當力求簡單。或利用古本字，如申可代表電。或利用簡俗體。

(三)形聲字一律改為左形右聲。且只許兩合。

（四）形聲字的聲母，用注音符號拼出。此注音符號約有四十個，根據現行注音符號。須被包括在字母一內。

（五）凡字的聲調，在聲母四側，注以符號。

（六）凡複合字，例如周易，飛機，中華民國。於最後一字下注以數目字。此法出六國文字，如以禾=為工師。又遹敦穆=王，前人釋穆穆王，似亦表示二字為一名而非重文。

（七）凡古書中非形聲字而不適於作字母的字，除改為新形聲字外，加注形母。仍保留其原字於字典中，別為古字，使讀舊版書或翻譯古書為新字時，仍得應用。

(八)凡舊形聲字一律改為新形聲字，其辨[注]音一律用現代標準語，或略加考訂。其他讀音，保存於字典中。

(九)凡舊形聲字的形母不足為字母，因而改從別的字母，和原來是假借字，今另造新字[釋]而改從別的字母，在字典中及翻譯古書時仍保存原形。

(十)凡翻譯名詞須用音譯時，宜以原文的每一音節當一單字，其複音節的字，則組為複合字。其國語所無的音素得參取國際音標以補充之。

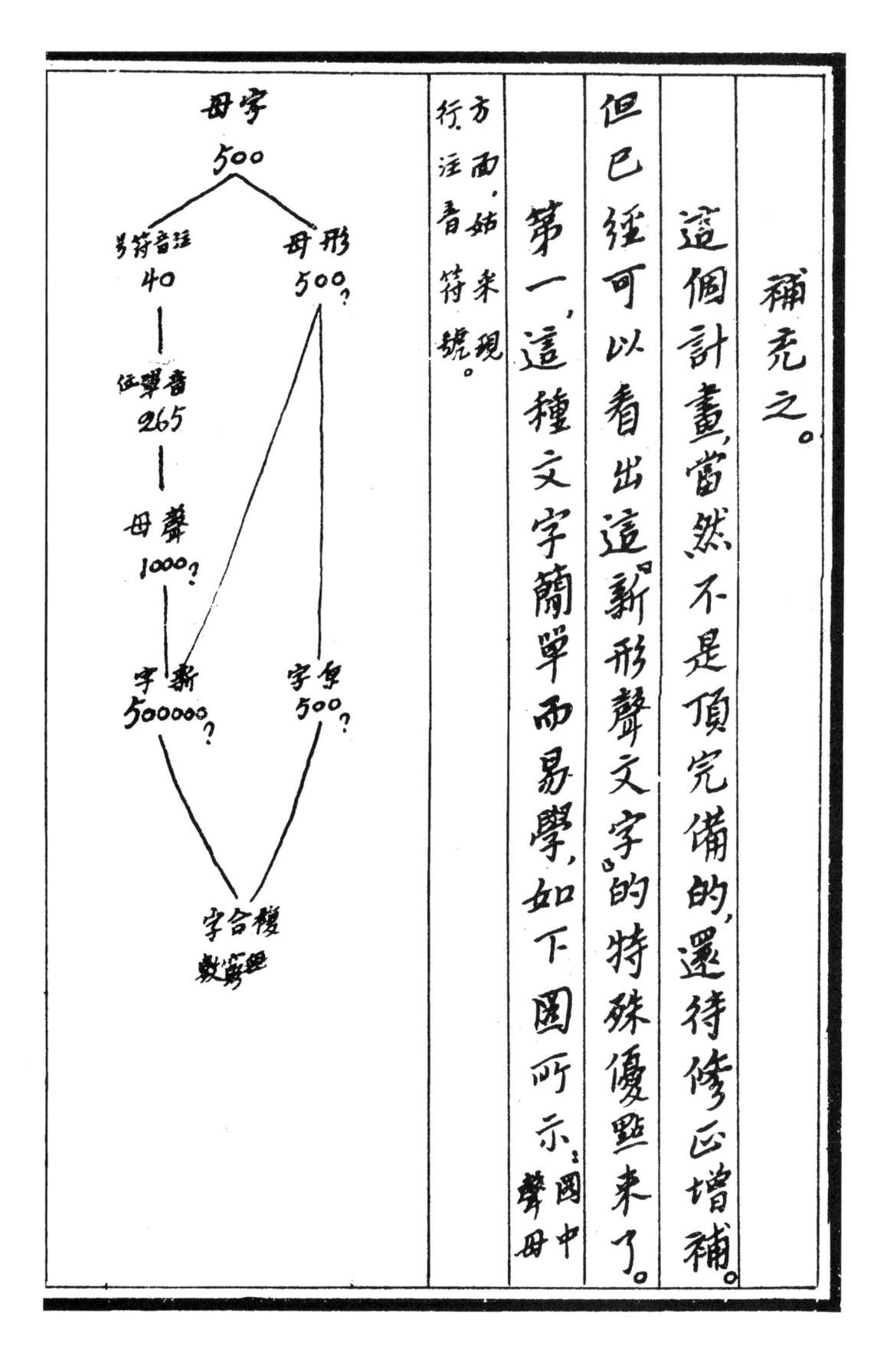

這個計畫，當然不是頂完備的，還待修正增補。

但已經可以看出這新形聲文字的特殊優點來了。

第一，這種文字簡單而易學，如下圖所示：（圖中聲母方面，姑來現行注音符號。）

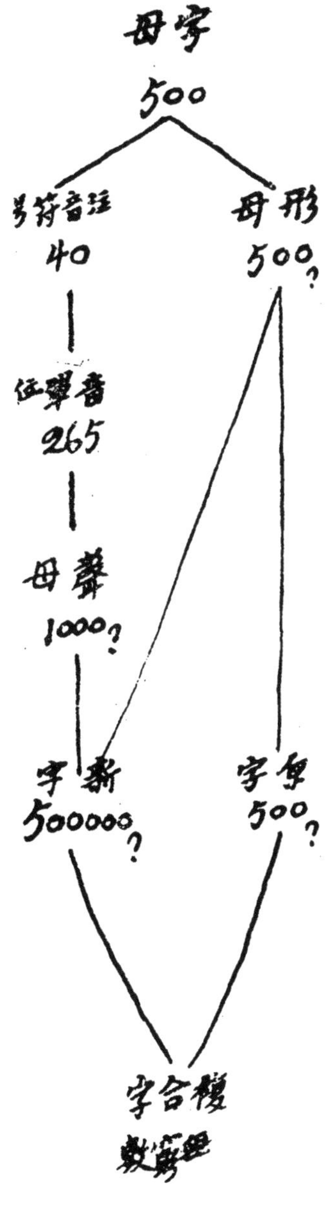

只要學會約五百個的字母，便可統制數十萬新字，既易識音，又可以知道義的大概。先學的人只學聲母，也可以能看能寫，那就只要學四十个符號和拚音法則。

第二，這種文字是合理的。意符即形母方面可以儘量把重要的科學容納進去，因此可以減少冗繁雜亂的術語，使科學名詞變為淺顯。

第三，這種文字，對於固有文化，完全保存。

1、把舊形聲字，改成新形聲字，有益而無害。因形聲字的聲母，本只注音，所以洚鴻洪同有洪水的意義，聲母作夅，鳴或共，是不拘的，那末，改為注音新法，當然無害，只要拚出字音，看見形母，當然可以認識的。

例如：

松柏杞梓寫做

木ㄙㄨㄥ，木ㄅㄛ，木ㄑㄧˇ，木ㄗˇ，（都依現行注音符號）

只要懂得拼音，決不會感覺不便，尤其是梓字，原來的辛聲，現在已不能做聲母，這樣一改，就便利多了。

2、古文化不致因文字改革而湮滅，因為除了形聲字外，盡力保存古字。

3、文學方面，藝術方面，原來的優點，沒有消滅。

第四，可以儘量吸收別國的文化。

第五，因複合字的規定，可以把字和詞分開。

第六，在印刷方面，每形聲字可分左右兩單體拼合，形聲字連非形聲字，大約不到二千個單體，較舊字的數目為簡。此點似不如拼音文字，但受過訓練的印刷工人，許不覺得很難。

以此故，著者提出這個草案來。我們研究歷史，不只為滿足好古的私嗜。我們研究古的，要用以建設新的。我們希望能研究出最合理的文字，可用以建設偉大的新文化，因為這是文字學最後的目的。

下編正譌

十八葉上八行「人」字應作「𠂆」而寫作「𠂇」，當作「𠂆」。人字或寫作「𠂉」。

廿八葉下十行「以前是不認的」「認」下脫「識」字。

廿九葉上十行「所」字下，應補「破」字一條。三十葉下一行「破」字當移此。

三十葉上二行「當」即新字，下當補「補」，金文亦每以「新」為「新」。

同葉上九行「斮」就是析的異文，下當補「卜辭以[illegible]為采，又有[illegible]字，舊亦不識，葉玉森附會為「冬」字，今謂即「杳」字，均可證。

四十葉上六行「方瘠盍」當作「方瘠盍」。

四十二葉上二行「而」說文部誤做「[illegible]」了，「[illegible]」當作「[illegible]」。

四十八葉下七行「漸變的文字」當作「以上所舉漸變的文字」。

五十一葉下一行「三人為㐺」下當補「二女為奻，三女為姦」。

同二行「按大或大」，或下脫作字。

改訂本

附改訂本正訛

目録

古文字學導論

二十五年改訂本

秀水　唐蘭

引言

這部書裏所論述的有三部分。第一，確定古文字學的範圍，並述其歷史。其次，由最近研究古文字的所得，推論文字的發生和演變，糾正舊時文字學上的錯誤，並建立新的理論。最後，更闡明研究古文字的方法和規律。

這種研究，在目前是很重要的，但還沒有人去做過。專門學者往往只守住極狹小的範圍，做些瑣細的工作，而忽畧於有系統的研究。坊間雖羅列着許多關於文字學的新著，大半是庸俗愚昧的作品，甚以剽竊抄纂爲能事。只因學校裏既有這種課程，就胡亂編些教科書來充數。在這種書裏，當然不會有一貫的理論的。自然，有一部分的作品，是較高明的，但也沒有精密正確的理論和方法。

在無論那一個學科裏，這都是必不可缺的，但在中國文字學裏，却不很被人注意，無怪乎文字學的這樣衰微，——至少，對於牠的同懷語言聲韻學而論，是這樣——幾乎不能稱為一種科學了。許多文字學者，給傳統觀念束縛得非常堅固，使他們死守住陳舊的學說而不敢畧有逾越。對於新的學說，有的人完全不信；有的人相信其中的一二點，而拿來附會舊說，有的人雖頗相信，但因舊說是有系統的，改動了一部分，就將和另一部分矛盾，而新的系統還沒有建設起來，所以，只在歧路上徬徨。這都是目前文字學衰微的重要原因。

文字學上新舊的分歧，由於古文字的研究的擴大。往時研究古文字的對象，只有說文所載的籀文，六國古文，和秦篆——因為轉輾傳抄的緣故，還有不少錯誤。現在則有商和西周的文字，其材料較真確可信，而且，一部分的材料還比以前豐富。一個無成見的學者，必能毫不猶豫地接受這大批新材料的。

但是，事實上不能如此簡單的。說文裡的材料，雖在東周以後，可是學者間誦習牠已將兩千年了，又在清代儒者過分的尊重牠之後，即使是十分陳舊的偶象，也不容易推翻。而新的部分，像卜辭，才發現了三十多年，還不能深印人心。銅器文字雖則從趙宋時已開始研究，但一直到現在，許多學者還不能脫離賞鑒古玩的習氣。他們的方法是神秘的，主觀的，可以任意推想而不需要客觀的標準。這種方法，又應用到卜辭和其他文字的研究。這種研究的成績，其不能取舊說而代之，是當然的。

文字學者不能利用新材料，而研究古文字的人，不注意文字學，這是文字學的致命傷。文字學的發展，本在聲韻學之前，現在卻落後了。這復興的責任，是我們所應肩負的。

這一部書，是懷着這個念望的。雖然不見得就能建立起古文字學的基礎，但只要能引起學者間的興趣，去共同研究，這礎石是不難奠定的。

上编

一　古文字和近代文字的界限

「古文字」這个名稱，最初見於漢書郊祀志上，——「張敞好古文字」——漢代通常的稱謂是「古文」。漢人所謂古文有兩種，說文序說：「古文，孔子壁中書也，」是竹簡上的古文，張敞因考尸臣鼎而說「臣愚不足以迹古文，」許慎說：「郡國往往於山川得鼎彝，其銘即前代之古文，」是銅器款識裡的古文。

漢時實際常用的文字是隸書和艸書，小篆在那時已是古文字了。漢書藝文志說：「倉頡多古字，俗師失其讀，」倉頡篇的原本，正是用小篆寫成的。但漢時卻把篆書和古文分開，王莽時的六書裡就是這樣。許慎說：「宣王太史籀著大篆十五篇，與古文或異，」又說：「今敘篆文，合以古籀，」可見篆籀不是古文。因為經師們把壁中古文經推尊太甚，以為只此是倉頡以來的古文，所以把古文兩字弄得太窄隘了。

其實孔氏古文，只是六國時文字的一種。七十子後學寫經的時候，並不如許慎所說，孔子書六經，左丘明述春秋傳，皆以古文，而只用當時流行的文字。這種文字，並不比籀文大篆的時代古遠。

依據我們的看法，不拘是史籀，六國古文，抑或小篆，都是古文字，而小篆是古文字中間最後的一種。在小篆以前的文字，變革雖很多，但在小篆裏，我們還能看到一些象形象意的遺痕，所以不失為同一系统。

秦併天下以後，一方面由學者們省改別的古文字而作小篆，一方面同文字，罷其与秦文不合者，但不久就失敗了。一種新興的文字——隸書，突如地起来替代了小篆的地位，學者們的理想，終於給民間只圖簡便的心理摧破了。隸書本是由戰國時文字演變來的，但在形體方面起了劇烈的變動，大多數的文字，都因破體錯畫而成為一堆記號了。從隸書到今隸，

——即現代通行的正書，變異不多，所以我把隸書以後，劃歸近代文字，而小篆以前都歸入古文字的範圍裡去。有些人以為古文字只是卜辭或銅器文字等地下材料的總名，這是錯誤的。

在古文字裡，還可以分為上古近古兩期，這是以形聲文字的興起來區別的，在後文另有詳細的解釋。

二 古文字的材料

甲 材料的類別

古文字的材料，大致可以分為古書裡的和古器物銘刻裡的兩類。

古書裡的材料有：(一)籀文，或大篆，(二)六國古文，或奇字，(三)小篆，(四)隸古。隸古是用隸書寫出的古文字，不是通行的隸書，所以可視為間接材料之一。

關于古器物銘刻方面，品類異常複雜，如其由器物的本質來說，就有玉，石，匋，甲，骨，金，銀，銅，鐵，竹，木等的區別。但因器物種類的不同，材料發見的多少不一等關係，通常的分類，大概注重於較重要的部分。例如：(一)甲骨，即卜辭，(二)銅器，即金文，——或鐘鼎，(三)陶器，(四)鉨印，(五)貨布，(六)石刻。

這種分類，在蒐集材料時較方便，在研究銘辭的時候，也容易有效果，但在另一方面說，却很有弊病。第一，這種方法是不科學的，忽而根據器物的品質，忽而根據器物的用途，因而發生困難。第二，許多不屬於上幾類的古物，因材料少而無法歸類，容易忽略。第三，材料的時代沒有畫分，兩個相隔很久遠的東西會混在一處。第四同時代的器物，往往分列各類，無法比較。

基於文字學的觀點，我曾提出一種新的分類法。我們可以不管這材料是古書裏的，或古器物裏的，我們也可以不問器物的用途，或品質，所應注意的，只是時代與地域的區分。由此，在已發見的材料裏，分為下列的四系。

一　殷商系　以甲骨卜辭及銅器為最多。中央研究院在安陽發掘所得，尚有獸頭刻辭及匋器。此外見於市賈家及收藏家者，有骨柶，玉器，鉨等。

二　兩周系　以銅器為最多。匋器中有一小部分屬此期，如塤是。考古圖所著錄有石磬。此期以春秋末年止，所謂籀文，也應屬此。

三　六國系　除竹簡已佚外，以銅器，兵器極多，匋器，鉨印，貨布為最多，封泥和鉨相近，金爰和銅貝和貨布相近。玉器，石器，銀器，量不甚多。說文裡的古文，和三體石經裡的古文，均屬此。

四　秦系　以銅器刻石為多。權有石或鐵製的，量有匋製的。小篆屬此系，所以漢以後的篆書，都應附此。

這樣分類，既可以表現出每系文字的特點，又能包括各種畸零的材料，實是最善的方法。在目前，因研究的便利，固可整用舊分類法，不過，在精密完備的古文字研究裏，是必需用這種方法的。

乙　材料的来源

現在所謂古文字，在秦以前，有些不能叫做「古」。左傳說楚史倚相能讀三墳、五典、八索、九丘之書，倚相能讀而別人不能讀，可見這種書用的是古文字。堯典、咎繇謨說「粤若稽古」，可見是周人用古代材料来編輯的，這種史料，大概也是古文字寫的。大概周人所以為古文字的，至少在周以前，這種材料，可惜沒有遺留下来。

經過戰國時長期的擾攘和秦的統一，舊時紛歧的文字，大都消滅，繼之起的，是整齊劃一的小篆和苟且草率的隸書，於是在漢人心目中，一切先秦文字，都是古文字了。

漢初正當秦焚書之後，惠帝才「除挾書之律」，武帝才「開獻書之路，建藏書之策，置寫書之官」，於是「外則有太常太史博士之藏，内則有延閣廣内秘室之府。許多已佚的古書，都重行發現了。張蒼獻春秋左氏傳，魯恭王壞孔子宅，在壁中得禮，尚書，論語，孝經等，後來都歸中秘，這都用六國文字寫的，只因那時學者還没有注意古文字，對這種材料，都忽畧了。

漢時所存的古字書有兩種。其一是史籀十五篇，後漢建武時已亡六篇。其二為倉頡篇一篇，李斯趙高胡母敬等所作，而給閭里書師所合并的。漢書藝文志説，文字多取史籀篇，而篆體復頗異，所謂秦篆者也。這兩種書原來都是用以教學僮的，在那時却成為很難讀的了。所以藝文志又説，倉頡多古字，俗師失其讀，宣帝時徵齊人能正讀者，張敞從受之。張敞好古文字，這回徵召，大抵是他鼓動出來的。後來平帝時又有徵爰禮等百餘人説文字未央廷中的盛事，那大概是揚雄等的意思。經過這兩回提倡，古文字就為學者間重視了。

成帝時劉向校中秘書，才用中古文的易和書來校今文。

向子歆才創議建立左氏春秋，毛詩，逸禮，古文尚書。這時古文字學已盛，所以今文學家儘管竭力反對，古文經學終於大行。後來古文經學者許慎作說文解字，敘篆文，合以古籀。在史籀，倉頡，和古文各經全亡佚以後，這書是最重要的材料了。

古文經的原本是竹簡，藏在中秘的是否原本，今不可知，後來都亡佚了。但外間還有抄本流傳，魏正始中所立的三體石經有尚書和春秋的古文。石經久毀，宋時有一部分發現，也已佚去，只有隸釋裡保存着。近世所出殘石頗多，頗可以作研究六國古文的參考材料。那種抄本的古文經到唐時還有流行，李陽冰有古文孝經和古文官書合為一卷。

六朝以後，一般人不會寫古文字，於是有所謂隸古，尚書的偽孔本，就是用隸古寫的，關于這一部分材料，在唐人寫本裡保存很多，但未必全可靠。字書裡所謂古籀往往出說文外，雖然都是隸書寫的，有時也可以供參考。

後世的今文經家往往懷疑孔壁出古文經的事，其實是無可疑的。剛過秦火的厄，在梁闕壁裡得到古書，是很容易的。燉煌的唐寫本正是絕好的例子。後來杜林在西州得漆書古文尚書一卷，晉時汲縣發見竹簡古書七十五卷，有周易，紀年，瑣語，穆天子傳等，南齊時雍州發見竹簡，有攷工記，梁時陸防得一篇缺簡的書是古文尚書所刪逸篇，可見這類簡書，在唐以前是常有發現的。竹簡日久朽腐，所以唐以後無聞，近時中央研究院在河南發掘所得只略存影象了，但在吐魯番，燉煌等高燥的地方所發現的漢代木簡很多，其中有論語，史記等殘簡，以今證古，就可知孔壁古文，決非偽託了。

漢時雖常有銅器發現，見於著錄的，像孔悝鼎，尸臣鼎，仲山甫鼎之類，又近所發現的銅器往往有秦以前的東西，而漢代加刻款識的，可是那時沒有人去注意收集。那時候，紙還沒有發明，沒有傳拓的方法，在簡牘上固然也可以傳寫，但那時認識古文字的人太少了。所以，銅器銘辭，沒有傳布的機會。説文裏雖然提及鼎彝，實際上卻沒有徵引一個字。

魏晉以後，古器還時常出土，王肅説，太和中，魯郡于地中，得齊大夫子尾送女器，有犧尊。劉杳説，永嘉賊曹嶷於青州發齊景公冢，得二尊。南齊時，始興王鑑做益州刺史，在古冢裏得銅器十餘種。梁劉之遴在荆州，聚古器數十百種。此外史傳所記的還很多。但出土之日，即湮滅之期，這些材料，一毫沒有留存下來。所謂虞荔鼎録，陶宏景刀劍録，是一手所造的僞書，全無足觀。顧烜的錢譜，只收莽布以下，其書久已亡佚。

由上文所述，漢，魏，六朝的古文字材料，只有竹簡。那時流布的方法，只是傳寫。傳寫本易錯誤，何況寫者往往不認識古文字。所謂隸古，錯誤尤多。一般好怪的人，漸漸造許多假的古文字，後來大都録在郭忠恕的汗簡裏。這是古文字材料發見史上的第一個時期。

第二個時期裏最可注意的是拓墨的發明。這發明的確切時代，已不可知，但能知道是由拓石經而起。本來石經刊成後，學者競相摹寫，到晉的中葉，還沒有拓本，而隋書經籍志裏的一字石經和三字石經却已是拓本了。（隋志注載，梁有一體石經，三體石經，均係宋拓，疑後魏初年的東西，也許那時已有拓本。）由石經而及秦刻石，封演聞見記說嶧山始皇刻石，其文李斯小篆，後魏太武登山，使人排倒之，然而歷代摹拓，以為楷則，可見在唐前就有拓本了。

大概在隋末唐初，在天興縣南發見秦雍邑刻石，當時人稱為「獵碣」，又叫做「石鼓」，以為是史籀寫的，書家文學家都狠受衝動，韋應物，韓愈都有石鼓歌，因之就為傳世古物中最煊赫的一件。這刻石在唐初就有拓本，蘇勗曾在上面做過題記。

由拓本更進一步，就有傳刻本的出現，聞見記又說「邑人疲于奔命，聚薪其下，因野火焚之，由是殘缺不堪摹寫，然尤上官求請，行李登涉，人吏轉益勞弊。有縣宰取舊文勒於石碑之上，凡成數片，置之縣廨，須則拓取，今所有嶧山碑，皆新刻之本也。杜甫說嶧山之碑野火焚，棗木傳刻肥失真。兩說稍異，總之在唐時已有翻刻本了。雍邑刻石後來也有岐下刻本，見薛氏鐘鼎款識。

會稽刻石在唐時大概尚存，史記索隱和正義都曾引過碑文，在宋初却似和嶧山刻石一樣，連拓本都不易得了。徐鉉曾寫過這兩刻石，後鄭文寶刻了嶧山，（嶧山刻石宋時尚有夏竦家本，今未見。除以鄭刻有七本，以鄭刻長安本最佳。）會稽一直到元時申屠駉才重刻。泰山刻石，宋真宗時摹本只存四十餘字，大觀時，劉跂親至碓下摹得完本刻泰山秦篆譜。（今絳帖所存縮圖，當即本劉譜，絳帖雖題淳化五年上石，但實際刊成很遲。）

詛楚文是北宋中葉發現的，廣川書跋說初得大沈湫文於郊，又得巫咸文於渭，最後得亞駝文於洛，這是雍邑刻石以後絕大的發現，蘇軾在鳳翔八觀裏首先歌詠，後來學者們對這文的注意，僅亞于雍邑刻石。

這時期裡，以石刻為主要發見，但作偽的很多，像岣嶁碑，延陵季子碑，壇山刻石等，都是唐宋時不很懂古文字的人所造。法帖所載倉頡書二十八字，夏禹書十二字，史籀書六字，均不可信，李斯十八字乃李陽冰之誤。

除了石刻以外，其他古物還沒有被注意。開元十三年萬年出土五鼎，四個有文字的，說是垂做的。張懷瓘書斷說，往在翰林見古銅鐘二枚，高二尺許，有古文三百餘字，紀夏禹功績，字皆紫金鈿，似大篆神采驚人。此外還有許多銅器，都沒有流傳，大概是還不會摹拓銅器的緣故。散布在唐封演張台的譜錄裡，雖已有著錄，但不很盛行。

銅器文字的重視，在第三個時期。五代時，古文字學很盛，宋初頗受影響。咸平三年，乾州獻古銅鼎，有古文二十一字，向中正和杜鎬詳其文。（即薛氏款識仲信父方甗。文內（京誤太）公簋亦咸平時獻。）秦公鐘本藏內府，皇祐間摹其文以賜公卿，楊南仲為圖刻石。到嘉祐時劉敞作永興路安撫使，其治在長安，得古器物很多，作先秦古器記。歐陽脩作集古錄，把劉氏所搜集的古器，都收集進去。後來李氏古器物銘說：「蓋收藏古物，實始于原父，而集古錄前代遺文，亦自歐陽公發之，後來學者，稍稍知搜抉奇古，皆二公之力也。」宋代所發現的銅器，現在所知道有六百多種。（其中有少數僞器，像比干墓銅盤之類。）

銅器之外，其他古物也略注意，關于貨幣，李孝美、董逌、洪遵等都有譜錄；鉩印，有楊克一的印格（蘇氏款識引古今印格即此。郡齋讀書志誤作晁克一。）王俅嘯堂集古錄裏也有附錄，在考古圖等書裏，也間或收別的古物，但數量都很微小。

這個時期很短，南渡以後，因為地域的關係，獲得古器物的機會漸少，士大夫也不很注意這些了。

元明兩代，對於印章蒐集較勤，明末顧氏的集古印譜，有古玉印一百五十餘，古銅印一千六百餘，數量已很可觀。錢幣一類，也頗有人繼續蒐集。到清高宗時，勑撰的書，銅器有西清古鑑，貨幣有錢錄，璽印有金薤留珍。嘉慶道光以後，關于金石，磚，瓦，各古器學者們蒐集愈勤，新發現的東西也愈多，像印章一類的古鉩和封泥，貨幣一類的空首布，都是前人所未知的，陳介祺開始收集匋器，更是重要的發現。

這一期裡，對於古器物是兼容並包的，除了已亡佚不可再見的東西外，大抵都被蒐集。從漢以來，可以說最盛了。

但是，這些發現，還不過是一個序幕，到了最近，又變到一個新的時期。這個時期裡可以注意的是印刷術的進步，從奇觚室吉金文述，開始用照像石印以後，材料傳布的方法，逐漸精美簡易，較之以前的刻本，不可同日而語。第二是殷虛甲骨的發現，由光緒二十五——六年到現在，還不到四十年，所得的材料有幾萬片，在各種古物裡，只有銅器，可以抗肩。

整批銅器的發現，像：新鄭，渾源李峪，洛陽韓墓，壽縣等，大抵是私掘的，方法粗疏，器物散佚，都是文化上極大的損失。我們所可稍稍自慰的，是中央研究院的發掘安陽、譚城等地，業已走上科學發掘的道路。

近時發現的重要器物很多，銅器有沈子它𣪘蓋，井侯𣪘，矢彝，矢𣪘，驫羌鐘等；石刻有袁安、袁敞兩碑，三體石經殘石，繹邑刻石有三個最好的北宋拓，泰山刻石有戴劉跋所見還多的北宋拓。至於有古文字的玉器銀器等，更為前此所未見。西陲木簡和燉煌唐寫本的發現，對古文字學也頗有裨益。

在古器物發現史的五個時期裏，這是最燦爛的一個。這個新時代正在開始，我們希望還有更新的更重大的發現，現在的古文字材料，可確定的最早時代是商代，但已是近古期文字。上古期的材料，幾乎可說沒有。我想關于先商各代遺址的發掘，在目前可認為最急迫和最有意義的工作。

丙　材料的輯集

關于古文字材料的輯集，有兩種。其一是原料的蒐集，把有文字的器物聚在一起，其二是經過整理的工作，以文字為主體去分類編集。這兩者間的關係，幾乎是不可分的。

輯錄古文字的書，興于漢時，—前此的史籀篇和倉頡篇，本都是記載當時的文字和後來輯錄的不同。漢書藝文志有古今字一卷，王先謙說：

儒林傳：孔安國以今文字讀古文尚書，論衡云：壁中古文論語後更隸寫以傳誦，此蓋列具古今，以便誦覽。

大概是對的。魏張揖作古今字詁，現在還能在輯本裏看到原書的體例，我以為就是古今字的詁，和杜林的倉頡故一樣。凡以古今字對照的是原書，訓故才是張所作。

隋書經籍志有古文官書一卷，後漢議郎衛敬仲撰。敬仲名宏，是杜林的弟子，他的官書，唐宋間還存在，各書所引有作古文奇字，有誤作詔定古文尚書

史記正義序例說：衛宏官書數體。也是古今字一類

的書。隋志還有古文奇字一卷，後漢太子中庶子郭顯卿撰。唐書藝文志和一切經音義俱作郭訓。訓大概是顯卿的名。可見這類輯集的工作，漢時很盛行。

自許慎的說文兼采古籀，晉呂忱作字林，又有增益。魏，晉以後的字書韻書也都有附列，不過已改寫隸書，不免錯誤。

早期的古文字的蒐集，除了史籀，倉頡以外，大部分是由古文經來的。六朝以後，古文經漸漸亡佚，後世假造的古文漸漸增多，郭忠恕汗簡，夏竦古文四聲韻都采集後人所寫的碑刻，如碧落碑，雲臺碑，王惟恭黃庭經等。古書，如山海經，世本，周書，史傳等。韻書，如祝尚丘韻，義雲切韻，王存乂切韻，濟韻，籀韻等。而且很多是從隸書改做古文的，其材料的蕪雜，就可想而知了。

從劉原父歐陽永叔箸錄銅器以後，輯集銅器的書很多。除了集古錄，金石錄，東觀餘論，廣川書跋，紹興內府古器評一類只存跋語外，可以分為兩類。一類有器形的圖，像李公麟的古器圖，（今佚）呂大臨的考古圖，王黼等的博古圖錄，無名氏的續考古圖等。一類只錄銘文，像趙明誠的古器物銘，（金石錄云："右石本古器物銘，余既集錄公私所藏三代秦漢諸器款識略盡，乃除去重複，取其刻畫完好者，得三百餘銘，皆模刻于石。……近世士大夫閒有以古器銘入石者，然往往十得一二，不若余所有之富也。"考古器物銘碑十五卷，凡商器三卷，周器十卷，秦漢器二卷，今佚。此書為集錄銘文最早者，薛尚功書即由此出。）王俅嘯堂集古錄，薛尚功的歷代鐘鼎彝器款識法帖，（原為石刻，盛熙明法書攷云："碑在江州，蜀有翻本，後多一倍，字肥，闕尚存全帙，未見。"中央研究院所印，僅數葉。又有薛氏手書本，明崇禎朱謀垔刻，又明萬曆萬岳山人刻本，清光緒劉世珩刊本，均從傳抄本出。）王厚之鐘鼎款識等。

夏竦作古文四聲韻，在序裏說到祥符中郡國所上古器，多有科斗文，他的書就為了認識古器文字的目的而作，但在書裏還沒有采集。（宋刻本附有數字，汪本謂是後人所增而刪去。）元祐壬申七年呂大臨作考古圖，後來就有趙九成的考古圖釋文。政和中黃伯思曾作古文韻，以夏竦所集和趙善繼所廣為主，益以款識石刻印章等，（詳東觀餘論）但似未傳於世。同時王楚作鐘鼎篆韻，到紹興時，薛尚功作廣鐘鼎篆韻。晁公武郡齋讀書志載鐘鼎篆韻七卷，說：

右皇朝薛尚功集，元祐中呂大臨所載，僅數百字，（按此即趙九成所集，晁氏誤。）政和中王楚所傳亦不過數千字，今是書所錄，凡一萬一百二十有五。

盛熙明法書攷說在江州版內一卷象形奇字，一卷器物名目，五卷韻。其書明時尚存，今佚。元楊鉤作增廣鐘鼎篆韻，今存。元明以後，這一類的書很多，但材料只是這些。所存的，像李登的摭古遺文，朱時望的金石韻府，一直到清汪立名的鐘鼎字源，都不過轉輾稗販而已。

宋以後，刻印的風氣大盛，於是有蒐集古印的譜錄。法書攷所載，宋元人所集的有宣和印譜，楊克一圖書譜，（即印格）王厚之復齋印譜，顏叔夜古印譜，姜夔集古印譜，吾衍古印文，趙孟頫印文等。（今俱不存，惟說郛有王厚之漢晉印章圖譜。）元明閒印譜愈多，至清初已有二三十種。清康熙時閔齊伋作六書通，常用印文，後來不通字學的摹印家，往往據以刻印，其實此書體例蕪雜，真假混殽，一無足取。嘉慶時袁日省作漢印分韻，謝景卿作續集漢印分韻，桂馥作繆篆分韻，都專集古印文字，比宋以來別的古文字書，較爲精碻。

清高宗敕撰西清古鑑、寧壽鑑古等四書，當時雖只刻古鑑，而且流傳未廣，但臣下確受很大的影響。嘉慶元年，錢坫刻他所箸的十六長樂堂古器款識考，九年，阮元刻所輯的積古齋鐘鼎彝器款識，搜集銅器的書，於是乎大盛。西清四鑑是取法於博古圖的，阮書是有意續薛的，錢書以己所藏爲限，和洗秦古器記的性質相類。後來想續阮書的很多，像敬吾心室彝器款識，（朱善旂）從古堂款識學，（徐同柏）筠清館金文，（吳榮光）攈古錄金文，（吳式芬）綴遺齋彝器款識攷釋，（方濬益）愙齋集古錄，（吳大澂）鬱華閣金文（盛昱）等是。專輯自藏的大抵兼器形，像曹載奎的懷米山房吉金圖，劉喜海的長安獲古編，吳雲的兩罍軒彝器圖釋，潘祖蔭的攀古樓彝器款識，端方的陶齋吉金錄，丁麟年的移林館吉金圖識等，都是這樣，只劉喜海的清愛堂鐘鼎彝器款識法帖無器形，（簠齋吉金錄乃後人所輯，亦無器形。）是例外。吳大澂的恆軒所見所藏吉金錄，兼采別人所藏，也是一個變例。

嘉慶時嚴可均作說文翼十五篇，輯鐘鼎拓本，用說文來編次，這是一個很重要的變革，脫離了夏竦以後用韻編次的窠臼，而復回到汗簡以前的方法。此書原稿據聞尚在，可惜未刊行。同時莊述祖作說文古籀疏證，今存殘稿。据他的條例說，原意要編彝器文為一卷，而所得拓本很少，大都從摹本，不很可信。又莊氏想自立系統來代替說文，所以不是搜集材料的性質。（書中所采材料，也極蕪亂。）

乾嘉以後，古器物學大盛。印譜方面約六七十種，較著的有高慶齡的齊魯古印攈，郭申堂的續齊魯古印攈，吳大澂的十六金符齋印譜等，陳介祺的十鐘山房印舉，所收最為繁富。封泥有吳式芬陳介祺合輯的封泥考略。錢幣方面，著述很多，搜羅最備的要算李佐賢的古泉匯，和李與鮑康同編的續泉匯。古陶最後出，陳介祺所藏很多，但只有拓本，沒有輯錄成書。雍邑刻石，張燕昌曾據天一閣宋拓，校改刊石，後阮元曾重刻。

在這個環境裡面，吳大澂輯成他的名著說文古籀補，這是以銅器文字為主，兼采雍邑刻石，古幣古鉨，古陶器等文字而成的。全書所輯，大都據拓本，與以前的材料書轉輾稗販的不同，所以當時就有盛名。後來依仿此書體例的有丁佛言的說文古籀補補，強運開的說文古籀三補。

自殷虛卜辭發現以後，王懿榮最先蒐集，王氏死後，大部分歸劉鶚，劉氏又繼續蒐集，光緒二十九年印行鐵雲藏龜，所收凡一千片。羅振玉繼劉氏之後，蒐輯更多，有殷虛書契前編殷虛書契菁華，殷虛書契續編。劉氏所藏後來散佚，各家所輯的有羅氏的鐵雲藏龜之餘，姬覺彌的戩壽堂殷虛文字，葉玉森的鐵雲藏龜拾遺。此外，日本各家所藏的，有林泰輔所輯的龜甲獸骨文字，王襄所藏的有他所輯的簠室殷契徵文，燕京大學所藏的有容庚所輯的殷契卜辭，河南博物館所藏的有關百益的殷虛文字存真，蒐集各家拓本的有商承祚的殷契佚存和羅振玉殷虛書契續編。坎拿大人明義士所藏，曾輯殷虛卜辭，是摹寫的，後又得甲骨很多，尚未印行。中央研究院，在安陽所發掘的，除了零星發表外，只有第一次所得，經董作賓摹為新獲卜辭寫本。英人庫全英，美人方法斂所藏，有方氏所摹的庫方二氏藏甲骨卜辭，但書中頗多贋品。

銅器方面，羅振玉搜集很力。他自己所藏有夢郼草堂吉金圖，貞松堂吉金圖。閩陳氏所藏有孫壯的澂秋館吉金圖。古物陳列所所藏有容庚的寶蘊樓彝器圖錄和武英殿彝器圖錄。河南博物館所藏有關百益的新鄭古器圖錄，容庚所藏有頌齋吉金圖錄，于省吾所藏有雙劍誃吉金圖錄，劉體智所藏有善齋吉金錄，（此書兼錄鈢印錢幣等，容庚有善齋彝器圖錄，專收銅器。）此外，搜集各家所藏的，有商承祚的十二家吉金圖錄，黃濬的尊古齋所見吉金圖，容庚的海外吉金錄等。

專錄拓本的，有殷文存和秦金石刻辭，並羅振玉輯。鄒安的周金文存，本也是羅氏的計畫，但鄒書真偽雜出，羅甚不愜意，所以羅福頤編的金文著錄表不列鄒書。羅氏後又輯貞松堂集古遺文，又有補遺和續編，可惜都是摹印，總不如景印拓本。此外，順續羅書的有王辰的續殷文存和羅書體例相近的有容庚的秦漢金文錄。又劉體智所輯小校經閣金文，材料很豐富。

璽印的搜集在這時期裡還很注意，劉鐵雲羅振玉以下，到商承祚等所輯不下三十種。封泥有劉鶚鐵雲藏封泥，羅振玉齊魯封泥集存，周明泰續封泥考略等。專輯古鈢的書，有黃濬的尊古齋古鉨集林。

匋器和錢幣著錄較少。匋器自鐵雲藏匋後，有吳隱的遯庵古陶存，太田孝太郎的夢庵藏匋，王獻唐的鄒滕古匋文字等。周進藏匋很多，惜未印行。錢幣拓本，印行的只有戴熙的古泉叢話，王錫棨的泉貨彙考，江標的古泉拓存，王懿榮的古泉精選等。

石刻方面，雍邑刻石的中權後勁兩本，和泰山刻石，均已有景印本。容庚有古石刻零拾的輯集。三體石經有陳乃乾輯本，但所闕很多。西陲木簡方面，已發表的有羅振玉王國維的流沙墜簡，張鳳的漢晉西陲木簡彙編。

在這時期裏，編集文字的書，可以分為兩類，羅有繼承古籀補一類已見上文。第一類是把各種古器文字分別搜集，羅振玉最主張此說，金文編序說：

中丞指吳大澂既備采古禮器文字，復益以古貨幣，古匋鉨然稽其時代，雖均屬先秦，而論其書體，則因所施而各異。文多省變，可識者寡。今考證古籀，宜專采之彝器，貨幣匋鉨，宜為別錄。

所以這一派的編集，如王襄的簠室殷契類纂，商承祚的殷虛文字類編，朱芳圃的甲骨學文字篇，孫海波的甲骨文編，容庚的金文編，金文續編，羅福頤的璽印文字徵，顧廷龍的古匋文孴錄等，均限於一部分材料。商承祚還有石刻篆文編，但未印行。

另一類是用各種材料混合編集的，如日人高田忠周所編的朝陽閣字鑑和古籀篇，材料蕪雜，無足取。徐文鏡的古籀彙編，集鐘鼎字源，說文古籀補，說文古籀補補，金文編，古鉨文字徵，殷虛文字類編六書的正編，刪去附錄，尚便於初學的查檢。

關於古文字的材料，至今沒有著錄過的很多，一方面，新出的材料，隨時都有增加，蒐集材料編集字書的兩種工作，還有很大的發展，是無疑的。將來的工作，應當注意到時代和地域的區別，華學涑曾輯過一本秦書集存，雖不很精善，但我們不妨用這體例去編些精善的字書，於古文字的研究，將有更多便利。

三 古文字學小史

甲 文字學的起原

文字雖用以代表語言，但牠的本身是形體，形體是由繪畫來的。語言的聲音和文字的形體，最初是諧合的，見了形體，就可以明瞭牠們所代表的語言。日子一多，可就不然了。聲音形體，在歧路上分手，各自走上變化的新路，愈走隔離得愈遠。每個文字，所代表的語言，往往不是原來的意義，而從牠們的新形體裡，也大都看不出制字的本義。於是，每個文字為什麼要這樣寫的研究，就發生了，這種研究，就是文字學。

文字學的萌芽，大概在周代。爾雅據說是周公所做，雖無確証，但蟲魚鳥獸艸木的正名，很多形聲字，確像是一個時期所創造的，而這個時期當在周初。又史籀篇據說是周宣王時太史籀所作，王國維以為六國時西方通行的文字，但由所存的遺字看來，王說大概是錯的，這種文字至遲也當在春秋前期。

春秋時解說文字的風氣很盛，左傳宣公十二年，楚莊王說「夫文止戈為武」，十五年，伯宗說「故文反正為乏」，昭公元年醫和說「於文皿蟲為蠱」，已都由形體方面去剖析了。到六國時，學者間對於文字都很注意，因為那時的文字混亂太甚，就引起了「書同文」的思想。那時盛行倉頡作書的傳說，作書的時候，當然得有理由，韓非子五蠹說「倉頡之作書也，自環者謂之私，（當作厶）背私謂之公」，此類解說，在當時大概很多，因而文字構造的理論也有了。周禮保氏有「六書」，周禮是六國時人做的，可見那時的解釋文字，已有系統了。

秦併天下後，學者們同文字的理想，居然達到了。他們創作小篆來替代大篆，這確是有規律的改革。李斯作倉頡篇，趙高作爰歷篇，胡毋敬作博學篇，都是用小篆寫成的。

秦書有八體，一曰大篆，二曰小篆，三曰刻符，四曰蟲書，五曰摹印，六曰署書，七曰殳書，八曰隸書。漢書藝文志有八體六技一書，六技大概就是保氏的六書，八體是字體的區別，六技是造字的技術。前人以為六技是王莽時六書，是錯誤的。八體六技應當是漢以前的遺書，所以藝文志的次序，在史籀篇後，倉頡篇前。而且漢人把六國文字叫做古文，奇字，不會知道秦書有幾體的。（漢律說以八體試之，當是蕭何承秦律而作，不是漢時有此八體。）

乙　漢代的文字學

漢初，通行的字書，是合併了爰歷博學的倉頡篇，那時的人都喜歡摹仿他，像司馬相如的凡將篇，史游的急就篇，李長的元尚篇，都是。後平帝時，徵爰禮等百餘人，說文字未央廷中，揚雄取其有用者以作訓纂篇，順續倉頡，這類字書的編集，到東漢時還很流行。

自然，這種字書，都是把日用的文字，編成文句，以便記憶，是不能稱為文字學的。但牠們和文字學的發展，卻很有關係。宣帝時，因為倉頡多古字，俗師失其讀，徵齊人能正讀者，張敞從受之。敞傳子吉，吉傳敞的外孫杜鄴，鄴傳子林和張吉子竦。杜林做倉頡故和倉頡訓纂，他的正文字過於鄴竦，所以漢書說世言小學自杜公。

由張敞好古文字，釋尸臣鼎的銘，通倉頡篇的讀，開了研究文字的風氣，到平帝時，通小學的人，已有百數，著名的學者有杜鄴，爰禮，秦近，揚雄等，古文字已成一時的風尚，湊巧成帝以後，劉向校中秘書，發見了古文經在字句方面，較之通行本，優點很多。他的兒子劉歆又十分喜歡周禮，左傳，毛詩等，替古文經學樹立了家法，並且，一度立於學官，由此，古文經學大盛，和舊時的今文經學相抗了。

古文經是用六國文字寫的，所以王莽時有六書，一曰古文，二曰奇字，三曰篆書，四曰佐書，五曰繆篆，六曰鳥蟲書，古文是孔子壁中書，奇字即古文而異者，可見因古文經學的發展，這一類的古文字也被重視了。杜林寶藏着一卷漆書的古文尚書，他的弟子衛宏做詔定古文官書，六國古文是那時小學家必須研究的材料了。

但是，一般頑固的今文經學者，和俗儒竭力反對古文經學，並且不信古文字。許叔重在說文序裏說到壁中書和鼎彝的銘相似，下面又說：

而世人大共非訾，以為好奇者也。故詭更正文，鄉壁虛造不可知之書，變亂常行，以燿於世。諸生競說字解經誼，稱秦之隸書為倉頡時書，云父子相傳，何得改易。乃猥云，

「馬頭人為長」，「人持十為斗」，「虫者屈中也」，廷尉說律，至以字斷法，「苛人受錢，苛之字止句（可當作）也」。若此者甚衆，皆不合孔氏古文，謬於史籀。俗儒啚夫翫其所習，蔽所希聞，不見通學，未嘗覩字例之條，怪舊蓺而善野言，以其所知為祕妙，究洞聖人之微恉。又見「倉頡篇」中「幼子承詔」，因號古帝之所作也，其辭有神仙之術焉。其迷誤不諭，豈不悖哉。

可以看見這一派人的意見。

那時候，一班通人，像桓譚，楊雄，劉歆，杜林，賈逵，衛宏，徐巡，桑欽等，大都通古文字，喜歡古文經學，而對方今文經學的末流，所謂俗儒啚夫，瞧見古文經學將要盛行，因而作最後的掙扎，造出許多讖緯，託為孔子所作，用以抵抗古文經家。

緯書裡幾乎包括盡當時今文學家所有的常識，如天文，地理，厤，律，數學，小學等。在小學方面，他們所解釋的只是隸書，這種學說現在還存留的，像：

士垂一人詰曲折著為廷。亦戴尸首，以寸者為言寸度治分數之法，亦惟尸稽于寸舍則法有分，故為尉，亦與尸寸。

刑字從刀從井，井以飲人，人入井爭水，陷於泉，以刀守之，割其情，欲人畏慎以全命也。

罔言為詈，刀詈為罰。

二人為仁。

𠙹中挾一而起者為史。

土力于乙者為地。

兩口銜士為喜，喜得明，心喜者為意，意天心。

四合其一。按此說日字。

十從一為土。

兩人交一以中出者為水，兩人譬男女，言陰陽交物以一起也。

人散二者為大也。

八推十者木。以上並春秋元命苞

蟲動於凡中者為風。

虫之為言屈中也。並春秋考異郵

一大為天。

日生為星。

土力於一者為地。

禾八米為黍。

西米為粟。西者金所立，米者陽精，故西字合米而為粟。

以上並春秋說題辭

此外像卯金刀的劉字，尤為習見。

在這種鄙妄的字說裡，可以看見今文經家的不學無術，和古文經家所以能代興的緣故了。古文經家不但相信古文字，並且闡明文字構造的理論。保氏只說六書，六書是什麼，卻沒有說到，班固的藝文志才說："謂象形，象事，象意，象聲，轉注，假借，造字之本也。"藝文志本於劉歆七略，劉說的來源，大概是八體六技。後來鄭衆做周禮注，許慎做說文解字序，所說略同。鄭衆是鄭興子，許慎是賈逵的再傳弟子，而興、逵同是劉歆的弟子，可見這種理論是古文經學家才開始應用的。（張懷瓘書斷敍古文條引孝經援神契"奎主文章"語，下云："倉頡文字者，總而為言，包意以名事也。分而為意，則文者祖父，字者子孫。得之自然，備其文理，象形之屬，則謂之文。因而滋蔓，母子相生，形聲會意之屬，則謂之字。字者言孳乳寖多也。題於竹帛謂之書，書者如也，舒也，紀也。"都是張氏的話，前人以為也是援神契所說的話，大誤。）

古文經學家既有了六書的理論，史籀篇，古文經傳，倉頡、訓纂等材料，目睹俗說的流行，自然不得不去設法矯正了。於是五經無雙的許叔重采篆文，合古籀，博采通人，考於賈逵，作說文解字十四篇，綴錄一萬餘字，（序云："九千三百五十三文，重一千一百六十三。"今大徐本九千四百三十一文，重一千二百七十九。）為五百四十部。自序說：

其建首也，立一為耑，方以類聚，物以羣分，同條牽屬，共理相貫。雜而不越，据形系聯，引而申之，以究萬原。畢終於亥，知化窮冥。

這是他的條例。本來倉頡，凡將，急就等篇都把偏旁相近的字，聚在一起，到了說文裡更嚴格了，把所有的文字，找出五百四十個單位來立做部首，每一部首統率若干同偏旁的字，所謂分別部居，不相雜廁，於是這一萬多字，有了駕馭的方法了。在部首與部首之間，據形系聯，始一終亥，自成系統。在每部裡，字的先後，也都有次序。在說解方面，原本經傳，博采通人，每字求其本義，自六書說產生以後，這實是偉大而成功的著作。

漢以前的小學書，像爾雅，史籀，倉頡，方言，釋名，聲類，等，都屬於訓詁聲音方面，只有說文是專主字體的，所以，在漢末已很盛行，鄭玄注禮，已見引用。（周禮考工記注引：鋝，鍰也。禮記雜記注引：有輻曰輪，無輻曰輇。二例。）魏晉以後，一直到現代，這部書就成為文字學上惟一的經典。

用現代的眼光去看說文，當然有許多可指摘的地方，譬氏所據的材料，只有籀、古、篆，比隸書固然好多了，但用商及周初的文字來比較，便又遠遜。許多文字在東周以後變化很大，已經無從知道本義。所以分部的錯誤，說解的穿鑿附會，都是免不了的。可是一直到現在沒有一部較牠更好的著作，尔雅雖是經，在文字學史上，也遠不如牠的偉大。並且因牠保存的材料，可以做研究商周文字的梯階，在將來的文字學上，也還有重要的價值。

丙　魏晉六朝的文字學

魏晉以後，小學方面，分為三科。講訓詁的有倉雅之學，倉是合倉頡、訓纂、滂喜的三倉，雅是爾雅。魏張揖作埤倉和廣雅，晉郭璞作方言注、三倉注（新唐書藝文志有張揖三倉訓詁三卷，疑誤。）又承樊光、李巡、孫炎、犍為舍人等而作尔雅注、音義、圖讚，張郭以後，這一派便很式微。聲韻之學，由漢末開始發展。孫炎作爾雅音義，才有反切，到魏時有李登聲類，晉時有呂靜韻集。後來音義和韻書都很盛，到隋時有陸德明的經典釋文和陸法言的切韻。字體方面，晉呂忱作字林，江式說他附託說文，按偶章句，隱別古籀奇惑之字，文得正隸，不差篆意。封氏聞見記說亦五百四十部，凡一萬二千八百二十四字，諸部皆依說文，說文所無，皆呂忱所益。張懷瓘書斷說字林則說文之流，小篆之工，亦叔重之亞也。梁顧野王作玉篇三十卷，凡一萬六千九百一十七字，此據聞見記，今本玉篇凡二萬二千七百餘字。五百四十二部，部目次序，都和說文畧異。又用隸書為主，雖以形體分部，但於每字的形體不很注意，只廣徵傳注和字書的解釋，所以面貌上雖是屬於形體的，實際却只是訓詁書。又後魏陽承慶作字統二十卷，一萬三千七百三十四字。其書已佚，各家所引的遺文看來，和許呂的書還相近，但像：

「寙，嬾人不能自起。从穴在地，不能自立，故字從穴。又嬾人恆在室中，故從穴。」玄應音義

「稱甲立於左者卑也。」

販，買之賤，賣之貴，朝買而夕賣。按此釋從反之意。

以鼻就臭曰齅。

蚊按當作蟁齧人飛蟲，以昏時而出。

女七月生齒，七歲而齔，男八月生齒，八歲而齔也。

反可為叵。並慧琳音義

笑，從竹從夭，竹為樂器，君子樂然後笑。九經字樣

規，丈夫識用，必合規矩，故規從夫也。

麤，警防也。鹿之性相背而食，慮人獸之害也，故從三鹿。

衍，水朝宗於海，故從水行。並廣韻

便，人有不善，更之則安，故從更從人。集韻

朱衣曰袾。龍龕手鑑

都偏於會意，已開王安石字説的風氣了。奧字，字統以為從宀𢍜聲，𢍜音弓六反，下從廾，上從古文六字，而以從米作奧者為非，可見在形聲方面，也都和説文不同。隋曹憲、諸葛穎等撰桂

苑珠叢一百卷，今亦不傳。書的體例或和玉篇相近。又元魏有演說文一卷，庾儼默注。隋志有說文音隱四卷，字林音義五卷，宋揚州督護吳恭撰。

漢末以後，隸書盛行，新出俗體很多。六朝碑誌造像裏，數不勝數。江式表說：

世易風移，文字改變，篆形謬錯，隸體失真。俗學鄙習，復加虛造，巧談辯士，以意為疑，炫惑于時，難以釐改。乃曰追來為歸，巧言為辯，小兔為䨲，神虫為蠶，如斯甚衆。皆不合孔氏古書，史籀大篆，許氏說文，石經三字也。凡所關古，莫不惆悵焉。

魏世祖始光元年還曾頒行新字千餘。在這種環境裏，文字學當然受影響，葛洪的字苑收影字，王義的小學收陣字。好古文字的學者，像李鉉、顏之推、趙文深等，只有依傍說文字林來糾正乖謬而已。

丁　唐至宋初的文字學

唐初還承六朝的遺風，武后時有字海一百卷，當亦殊叢之類。唐書紀武后造十二字，曌照 𠀑天 埊地 〇日 囝月 〇星 𠺞君 𢘑臣 𡕀載 𡔈初 𠡦年 𠙺正 此外還有圀國 𤯔人 𨲺證 𨲢聖 𥠢授等字。當時很盛行。其實天日等字是有所本的，後人不明隸古，就一律歸於武氏了。

唐代立書學博士，以三體石經，說文，字林，來教學生，也用以考試，但這是歷史的研究，那時人所苦的，是隸體的不定，所以學者多致力這一方面。唐初顏師古就作字樣，又有杜延業的羣書新定字樣，顏元孫有干祿字書，歐陽融有經典分毫正字。開元二十三年，玄宗撰開元文字音義，自序說：

古文字，唯說文字林，最有品式。因備所遺缺，首定隸書，次存篆字，凡三百二十部，合為三十卷。

據林罕說隸體自此始定。後張參作五經文字，唐玄度作九經字樣，都專為經字的隸體而設。

在這時期裏，只有李陽冰是特出的，徐鉉等進說文表說：

唐大曆中李陽冰篆迹殊絕，獨冠古今。自云：斯翁之後，直至小生，此言為不妄矣。於是刊定說文，修正筆法，學者師慕，篆籀中興。然頗排斥許氏，自為臆說。夫以師心之見，破先儒之祖述，豈聖人之意乎？今之為字學者，亦多從陽冰之新義，所謂貴耳賤目也。

林罕小說的序說：

唐將作少監李陽冰就許氏說文復加刊正，作三十卷，今之所行者是也。

李氏是許慎的後繼，二徐的前驅，那時傳寫說文者，皆非其人，錯亂遺脫，不可盡究，他由篆書家來刊定修正，於說文學的復興，不無功績，所以在宋以前很流行。但二徐都反對他，徐鍇的祛妄篇是專攻擊他的說法的。其實他所說也有長處，像：

不象木之形，木者五行之一，豈取象於艸乎。

日，古人正圓，像日形，其中一點，象烏，非口一，蓋獨方其外，引其點耳。

不能說是誣妄。

賈耽鎮滑州的時候，見李氏所篆《浙驛記》，歎其精絕，就命李氏的姪騰，集《說文》的目錄五百餘字刊石，名為《說文字原》，也叫做《偏旁字源》，耽替他做序。

五代時，蜀林罕據李陽冰重定《說文》，用隸書解於篆字下，名為《集解》。又撮取偏旁五百四十一字，作《字原偏旁小說》，手書刻石。郭忠恕說：

林《說文字源》唯有五百四十部，孑部合收在子部，今目錄妄有更改。又《集解》中誤收去部在注中，今點檢偏旁，少晶、惢、至、龜、弦五字，故知林氏虛誕，誤後進，其小說可焚。

又晁公武說：

……以說文部居隨字出文，以定偏旁，其說頗與許慎不同，而互有得失。邵必緣進禮記石經陛對，仁宗顧問罕之書如何？必曰：雖有所長，而微好怪。說文歸字從𠂤，從止，從帚，以𠂤為聲，罕云從追，於聲為近，此長於許氏矣。說文哭從吅，從獄省，罕乃云象犬嗥，此怪也。有石刻在成都，公武嘗從數友就觀之，其解字殊可駭笑者，不疑好怪之論誠然。

可見林氏好怪，所以其書不能盛行。此外郭忠恕曾寫過一本小字說文字源，見汗簡。今不傳。夢瑛所寫的字源，錯誤很多。

五代時文字學者為二徐，郭，林四人，林氏承李陽冰一派，喜掇新說。郭氏有汗簡，佩觿，很博雜。只有二徐專治說文。小徐作說文繫傳，說文韻譜，大徐和句中正等校定說文，都有功於說文之學。二徐攻擊陽冰，但他們對於形聲相從的條例，不很清楚，所以錯誤謬妄也不少。

這一個時期是文字學中興時代，李陽冰，徐鉉，徐鍇三人整理說文的功績，在文字學史上，是永遠不會被人忘記的。

戊　宋元人的文字學革新運動

宋以後，文字學定於一尊，要明文字源流，只有讀徐鉉等所校的說文了。說文裏的文字，大部分是形聲，許叔重只說從某聲，而沒有說為什麼從某聲，這是一個缺點。王安石於是作字說，自序說：

文者奇偶剛柔雜比以相承，如天地之文，故謂之文；字者始於一二而生生至於無窮，如母之字子，故謂之字。其聲之抑揚開塞合散出入，其形之橫從曲直邪正上下內外左右，皆有義，皆本於自然，非人私智所能為也。……余讀許慎說文而於書之義時有所悟，因序錄其說為二十卷，以與門人所推經義附之。惜乎先王之文缺已久，慎所記不具，又多舛，而以余之淺陋考之，且有所不合。……

他的書是用韻編次的，文字形體依說文，而解說多出杜撰，例如：

佮，非能自泉也，非能與衆樂樂也，為人所合而已。

戍則操戈，役則執殳。並見甕牖閒評

把一切文字都歸於會意，這本是錯誤的，但因他在那時政治上的地位，主司用此取士，學子也不敢不習，所以曾盛行一時。唐耜作字說解一百二十卷，而陸佃羅願等所著的書裡也都引他的新說。反對他的人說他「操雜釋老，穿鑿破碎，聾瞽學者」。楊時作字說辨，攻擊最力。陸游跋說：

字說凡有數本，蓋先後之異，猶非定本也。葉適石林燕語曰：凡字不為無義，但古之制字，不專主義，或聲或形，其類不一。先王略別之，以為六書，而謂之小學者，自是專門一家之學，其微處遽未易盡通。又更篆隸，損益必多乖失。許慎之說文，但據東漢所存，以偏旁類次，其造字之本，初未嘗深究也。王氏見字多有義，遂一槩以義取之，雖六書且不問矣，况所謂小學之專門者乎？是以每至於穿鑿附會，有一字析為三四文者，古書豈如是煩碎哉？學者所以閧然起而交詆，誠不為無罪，然遂謂之皆無足取，則過也。而王氏書終於不傳，他想比說文更深一層的工作，終於是失敗了。

同時王聖美創右文說，如水類，其左皆從水，所謂右文，如戔小也，水之小者曰淺，金之小者曰錢，貝之小者曰賤，皆以戔為義，（詳夢溪筆談）但沒有成書，說亦未行，用這方法來解說形聲字，顯較王荊公為優，但右文的名稱，也是錯誤的。

由字說的反響，張有作復古編專主說文，用以辨別俗字。南渡初，李燾作說文解字五音韻譜，這都還是墨守說文的。

但革新的運動，終於勃發。這種進步，是兩方面的，一方面是六書說的重新研究，另一方面則是銅器上古文字的發現本來，在宋初，所謂古文字，除了說文，只有汗簡一類的材料，夏竦古文四聲韻序說：

尚書正義曰：科斗書古文也。所謂倉頡本體，周所用之，以今所不識，是古人所爲，故名古文。形多頭麤尾細，腹狀團圓，似水蟲之科斗也。漢書藝文志載孝經古孔氏一篇，二十二章，學之者鮮矣。兩漢而下，蔡中郎刻石經，杜伯山得漆書古文尚書一卷，獨寶愛之。又汲郡安釐王冢壞得竹策古文春秋書，楚亭者最精。晉，魏以降，隸習殆絕。唐貞元中，李陽冰子開封令服之有家傳古孝經及漢衛宏官書兩部合一卷，授之韓愈，愈識歸公，歸公好古能解之，因遺歸公。又有自項羽妾墓中得古文孝經，亦云渭上耕者所獲。其次有右補闕衛包勅修三方記於雲臺觀，瞿令問刻浯溪銘於營道，及司馬天師漆書道德經上下篇幢，龍德中羅浮道士蜀山木重寫其本，藏之天台玉霄藏暨宋有天下，四海會同，太學博士，周之宗正丞郭忠恕首編汗簡，究古文之根本，文館學士句中正刻孝經，字體精博，西臺李建中總貫此學，頗為該洽，翰林少府監丞王惟恭篤讀古文，筆力尤善，殆今好事者傳識古文科斗字也。臣逵事先聖，久備史官，祥符中郡國所上古器，多有科斗文字，深懼顧問不逮，以忝厥職，繇是師資先達，博訪遺逸，斷碑蠹簡，搜求殆徧，積年踰紀，篆籀方該，自嗟其勞，慮有散墜，遂集前後所獲古體文字，準唐切韻，分為四聲，庶令後學易於討閱。

對於那時所謂古文之學，敘述得很詳細，但除了古文經以外，材料實在是太貧乏了。夏竦本意是集錄這些材料以備研究鐘鼎文字，但結果這些材料，大抵不能用。吾邱衍學古編說：

韻內所載字，多云某人集字，初無出處，不可遽信。且又不與三代款識相合，不若勿用。

熊朋來廣鐘鼎篆韻序說

于時器款未備，其間鐘鼎字文缺畧，頗泛取俗書以備奇字。

可見鐘鼎款識增多以後，這種材料就成為筌蹄了。

鐘鼎款識既多，相互比較，就可以認出一部分的字。皇祐以後，像楊南仲、章友直、劉原父、蔡君謨等都好識鐘鼎文字，而以楊為最，所釋多有根據。考古圖釋文引楊說很多。釋文說：

古文……其傳於今者，有古尚書、孝經、陳倉石鼓及郭氏汗簡、夏氏集韻等書，尚可參考。然以今所圖古器銘識考其文義，不獨與小篆有異，而有同是一器，同是一字，而筆畫多寡、偏旁位置、左右上下不一者，如伯百父敦之百字一作百，一作百；寶字一作寶，一作寶；蘄字一作蘄，一作蘄；叔高父簋蓋底皆有銘，其簋字一作簋，一作簋；晉姜鼎之作字，一作乍，一作乍。其異器者，如彝、尊、壽、萬等字，器器筆畫皆有小異，乃知古字未必同文，至秦既有省改，以就一律，故古文筆畫，非小篆所能該也。然則古文有傳於今者，既可考其三四，其餘或以形象得之，如[?]為射，[?]為丁，[?]為[?]，[?]為[?]，[?]為卑之類，或以義類得之，如[?]為[?]，[?]為[?]之類，或筆畫省於小篆，如[?]作帷，[?]作[?]之類，或筆畫多於小篆，如[?]作[?]（小篆乃遷字），[?]作受，[?]作秦，[?]作郤之類，或左右反正，上下不同，如[?][?]皆作永，[?][?]皆作福，[?][?]皆作[?]，[?][?]皆作[?]之類，有部居可別，而音讀無傳者，如[?]作[?]，[?]作[?]之類，又可考其六七。

對於認識古文字的方法，說得非凡清楚，這確是文字學的一大進步，只可惜後來的學者，只會集篆韻，而不能在文字學的研究方面，再進一步。

六書的解釋和應用，自許叔重後，可謂絕學。唐裴務齊切韻於轉注創考字左迴，老字右轉之說，為郭忠恕徐鍇所駁斥。

徐鍇說文繫傳在上字注裡，對六書解釋根詳。但他並沒有把每一個字用六書來分析過，所以還只是些空洞的理論。

脫離說文部次的束縛，專由六書說去研究，創始於鄭樵。他曾做過一本象類書，玉海說：

象類書十一卷，論文字象類，謂獨體為文，合體為字，文有八象，字有六類，八象不足則有假借之文，六類不及，則有假借之字。又論楚書三卷。

象類書今佚，在他所著的通志六書略裡，開頭有一篇六書序說：

小學之義，第一當識子母之相生，第二當識文字之有間。象形，指事，文也；會意，諧聲，轉注，字也；假借，文字俱也。象形指事一也，象形別出為指事；諧聲轉注一也，諧聲別出為轉注，二母為會意，一子一母為諧聲。六書也者，象形為本，形不可象，則屬諸事，事不可指，則屬諸意，意不可會，則屬諸聲，聲則無不諧矣。五不足而後假借生焉。一曰象形，而象形之別有十種，有天物之形，有山川之形，有井邑之形，有艸木之形，有人物之形，有鳥獸之形，有蟲魚之形，有鬼物之形，有器用之形，有服飾之形，是象形也。推象形之類，則有象貌，象數，象位，象气，象聲，象屬，是六象也，與象形並生而統以象形。又有象形而兼諧聲者，則曰形兼聲，有象形而兼會意者，則曰形兼意。十形猶子姓也，六象猶適庶也，兼聲兼意猶姻婭也。二曰指事，指事之別，有兼諧聲者，則曰事兼聲，有兼象形者，則曰事兼形，有兼會意者，則曰事兼意。三曰會意，二母之合，有義無聲。四曰轉注，別聲與義，故有建類主義，亦有建類主聲，有互體別聲，亦有互體別義。五曰諧聲，母主形，子主聲者，諧聲之義也。然有子母同聲者，有母主聲者，有主聲不主義者，有子母互為聲者，有三體主聲者，有諧聲而兼會意者，則曰聲兼意。六曰叚借，不離音義，有同音借義，有借同音不借義，有協音借義，有借協音不借義，有因義借音，有因借而借，有語辭之借，有五音之借，有三詩之借，有十日之借，有十二辰之借，有方言之借。六書之道，備於此矣。臣舊有象類之書，極深研幾，盡制作之妙義，奈何小學不傳已久，見者不無疑駭。今取象類之義，約而歸於六書，使天下文字無所逃，而有目者可以盡曉。

又論子母篇説：

臣舊作象類書，總三百三十母爲形之主，八百七十子爲聲之主，合千二百文而成無窮之字。許氏作説文，定五百四十類爲字之母，然母能生而子不能生，今説文誤以子爲母者，二百一十類。且如説文有句類，生佝，生鉤，有卣類，生㮚，生𥻆，有半類，生胖，生叛，有業類，生僕，生蹼，據拘當入手類，鉤當入金類，則句爲虛設，㮚當入木類，𥻆當入米類，則囟為虛設；胖當入肉類，叛當入反類，則半為虛設；僕當入人類，蹼當入臣類，則業為虛設。蓋句也，囟也，半也，業也，皆子也，子不能生，是為虛設。此臣所以去其二百十，而取其三百三十也。

從這兩節裡，可以看見象類書的大概了。他還做過一本六書證篇，六書畧的論一二之所生說：

臣六書證篇，實本說文而作，凡許氏是者從之，非者違之。其同乎許氏者，因畫成文，文必有說，因文成字，字必有解。其異乎許氏者，每篇總文字之成，而證以六書之義，故曰六書證篇。然許氏多虛言，證篇惟實義；許氏所說多滯於死，證篇所說獨得其生。蓋許氏之義著於簡書，而不能離簡書，故謂之死；證篇之義，舍簡書之陳迹，能飛行走動，不拘一隅，故謂之生。今舉一二之義，為說文之首篇者，可以見矣。說文於一則曰：惟初太始，道立於一，造分天地，化成萬物。故於一之類，則生元，生天，生丕，生吏。然元從上，丕從地，吏從又，皆非一也。惟天從一。證篇於一則曰：一，數也。又象地之形。又象貫物之狀。在上為一，故生天生百，在中為貫，故生毌生毋，在下為地，故生旦生丕，為貫為地者無音，以無所麗，則復為一矣，是以無音。說文於二則曰：二，高也。此古文二，指事也。故於二之類，則生帝，生旁，生下。然帝本象形，旁則形兼聲，下非從上而與上偶。證篇於二上則曰：二，二音貳，又音上。殺上者為上，殺下者為下，在物之中者，象編連之形，在物之上下者，象覆載之位。故於二則生竺，生齊，於上則生亢，生帝，於下則生丙，生麗，於中則生冊，生再，於上下則生亟，生亘，在中在上下者無音，以自不能成體，必有所麗，是以無音。此臣所作證篇之旨也。

又在諧聲篇後說到他的六書證篇有二百七十六部，得諧聲字二萬一千三百四十一。

鄭氏在文字學革新運動裡的成績比王荆公好的多了。他雖排斥說文，但是所用的還是許慎的方法，以子之矛攻子之盾，不由人不相信。所以他的說法，後來擁有不少的信徒，大家紛紛去研究六書，清代說文學者，因他嘗毀許慎而不願意稱道他，但象形兼指事一類的說法，始終沒有能跳出他的範圍。

如其把新的眼光重新估量一下，我們將見他所做的工作，雖大部分是失敗的，但並不是無意義的。說文裡對於六書，本沒有明確的界說，現在經他把每一個字用六書來分析過，六書說的弱點和小篆的不足據，許氏的錯誤，都顯露出來了。他儘管彌縫，因而弄成許多可笑的說法，但他已經把有罅漏的地方，在無意中指給我們了。並且，公允的判斷者，一定會覺得在諧聲字方面，他所修正的分部方法，較之清代墨守許氏的一班說文學者高明的多吧。

這種學說流行得很快，元時有楊桓的六書統，戴侗的六書故，周伯琦的六書正譌，明初有趙撝謙的六書本義，大抵本於鄭氏。後來正統派的許學家對於這一類著作，很看不起。

戴侗的書共三十三卷，又六書通釋一卷。書內分九類，他說：

書始於契，契以紀數，故首數，次二天，次三地，次四人，次五動物，次六植物，次七工事，次八雜，次九疑。

單就這一點說，已經超出鄭氏之上，不像他那樣雜亂無章了。在九類裡面，又分出四百七十九目，其中一百八十八是文，四十五是疑文，二百四十五是字，文是母，字是子，所以只有文才是最原始的文字。他以為指事象形是文，會意轉注諧聲是字，獨立為文，判合為字，文孳乳為字，猶母生子，字再孳乳，猶子生孫，所以，照他的說法，就可把一切文字攝入二百多個指事象形文或疑文裡去了。他的學說很多錯誤，例如把反文認為轉注。但系統的究竟，是很可佩服的。

他於說文，在徐本外，兼采唐本蜀本，但他所下解釋，往往離去許氏，自出新意。又常用金文來作證，這是鄭樵所不及的。由宋以來，文字學上的改革，到他是集大成了。他的解釋，有些地方，實勝過說文。

(四)吾邱衍學古編對他的書很不滿意，說：

侗以鐘鼎文編此書，不知者多以為好，以其字字皆有，不若說文與今不同者多也。形古字今，雜亂無法。鐘鼎偏旁不能全有，却只以小篆足之。或一字兩法，人多不知。如𠂤本音衆，加宀不過為衆字，乃音作宮府之官；却字不從寸木，乃書為村，引杜詩無村眺望賒為證，甚誤學者。許氏解字引經，漢時有篆隸，乃得其實。今侗亦引經而不能精究經典古字，反以近世差誤等字引作證據，鑄，鎛，鑿，鋸，屎，尿等字，以世俗字作鐘鼎文，卵字解尤為不典，六書到此，為一厄矣。

這是從篆刻家求的眼光來批評的。其實戴氏收來俗字，在目前看來，具眼光值得稱許，因為一般人把說文所沒有的字，全叫做俗字，是不對的。至於用金文配合小篆，雜乱今古，杜撰偏旁，却都是書中的疵纇。

周伯琦有說文字原和六書正譌。字原把五百四十部首分十二章，疏六書於下。正譌是取字書中常用而疑似的二千多字，辨析本義，订正傳寫之謬，而依韵編集的。周氏是鄭戴的後繼者，所以正譌序說：

張有次復古編，鄭樵作六書略，戴侗述六書故，莫不原於許氏，然張失之拘，鄭過于奇，戴病于雜。鄭樵言：許氏之書詳于象形諧聲，而昧於會意假借，其論至矣。數家之書，互有得失，綱領之正，鄭氏為優，會通而求之，六書之義，庶得其概矣。

可以看見他在文字學上的觀點。至於他的書裡並沒有什麼新的發明，只是推廣鄭戴的學說罷了。

在元初受鄭樵影響的還有楊桓，他和戴侗同時，但似乎沒有什麼關係。所著有六書統二十卷，六書泝源十二卷。戴氏書只用金文來改正小篆，楊氏卻更澈底，因為他同時受了杜從古集篆古文韻海的影響，所以他的書裡，

凡序一文一字，必先置古文大篆於首，以見文字之正，次序鐘鼎文於下，以見文字之有，次序小篆於下，以見文字之變。文簡而意足者莫善於古文大篆，惜其磨滅數少而不足於用，文字備用者莫過於小篆，而其閒譌謬於後人之傳寫者，亦所不免，今以古文證，悉復其故。

他推翻了以小篆為主的系統，是鄭戴所不敢做的，所以最受後世攻擊。其實小篆不是最古的文字，本是很顯然的事實，小篆為主的系統，雖不能兼攝比牠古的文字。不過，在楊氏時要推

翻他却未免過早。因為那時古文字的材料太少，有些文字被人錯認，又有些材料是後人僞造的，不別時代，不知正誤，不明真僞，而要構造一个古文大篆的系統，當然只有攪成一團糟了。

楊氏書以六書分為六門，

一曰象形，其別有十，曰天文，曰地理，曰人品，曰宮室，曰衣服，曰器用，曰鳥獸，曰蟲魚，曰草木，曰怪異。二曰會意，其別一十有六，曰天運，曰地體，曰人體，曰人倫，曰人倫事，曰人品，曰人品事，曰數目，曰采色，曰宮室，曰衣服，曰飲食，曰器用，曰飛走，曰蟲魚，曰生植。三曰指事，其別有九，曰直指其事，曰以形指形，曰以意指意，曰以形指意，曰以意指形，曰以注指形，曰以注指意，曰以聲指形，曰以聲指意。四曰轉注，其別一十有八，曰天象，曰天運，曰地體，曰人體，曰人倫，曰人倫事，曰人品，曰人品事，曰數目，曰采色，曰宮室，曰衣服，曰飲食，曰器用，曰鳥獸，曰蟲魚，曰草木，曰怪異。五曰形聲，其別如轉注之數。總其聲則有四，曰本聲，曰諧聲，曰近聲，曰諧近聲。六曰假借，其別一十有四，曰聲義兼借，曰借聲不借義，曰借義不借聲，曰借諧聲兼義，曰借諧聲，曰借近聲兼義，曰借近聲，曰借諧近聲兼義，曰借諧近聲，曰因借而借，曰因省而借，曰借同形，曰借同體，曰非借而借。分類的猥雜，和錯誤，其說指事最誤，實不足爲訓。

趙撝謙是元末的宿儒，著六書本義十二卷，分三百六十部，其六書論，六書相生圖等，都源出鄭氏，可目爲這派學說的後勁。

己　清代的文字學

明代的文字學最衰微，魏校的六書精蘊，不過推衍楊桓的學說，楊慎的六書索隱，摭拾古文字而未備，趙宧光的說文長箋，尤多荒謬。

明代無說文刊本，趙宧光顧炎武等所見皆五音韻譜。自毛氏汲古閣重刊宋本說文，學者才看見說文本。乾嘉以後，說文之學大盛，那時的學者，講經學大都推重鄭玄，談文字就信仰許慎，合稱為許鄭。王鳴盛說：

說文為天下第一種書，讀徧天下書不讀說文，猶不讀也；但能通說文，餘書皆未讀，不可謂非通儒也。——說文解字正義序

可以代表那時學者們狂熱的心理。關于說文的著作很多，最著的是段玉裁的注，桂馥的義證，嚴可均的校議，王筠的句讀和釋例等，雖都是專主許氏的一家之學，但在文字學方面，也不無貢獻。嚴可均尤多懸解，他說：

六書大例，偏旁移動，只是一字，左右上下，隨意配合。今乃歟分為字，如：含，嗛也；吟，呻也；召，評也，叨，或饕字；啻，語相訶距也；吉，直言；吁，嘷也，句，曲也；嘆，嗷嘆也，暮，古謨字；古故

也，叶或協字，諅忌也，諆欺也，卟卜以問疑也，占視兆問也，
矔目多睛也，舊古觀字，楙冬桃，楘車歷錄束交也，柔耕也，
杼機之持緯者，棨篆文棨，槎識也，栟屋櫨也，櫳房室之疏
也，櫳檻也，睹旦明也，暑熱也，旰晚也，旱不雨也，齍稷也，穧
穫刈也，袍襺也，裛褱也，忠敬也，忡憂也，慨忼慨，愍古文悉
字，恭肅也，烘戰慄也，怡和也，怠慢也，慔勉也，慕習也，慴懼也，
愚戇也，悍勇也，悬古文姦字，忿怨也，忦憂也，惑亂也，怒恚
也，衍水朝宗于海也，洐溝水行也，拱斂手也，拲或拱字，扺
捽也，貲積也，妃匹也，改女字也，蛾羅也，蝥或䖥字，若此之
類，或因轉寫之誤，或沿古籀篆屢變，偶爾同形，許君不復
省併。以余考之，其得一字數義，必可省併者，十有七八。然
猶可諉曰說解不同也。至䀹或作眘，李古作杍，悒或作悬，
尤為變例，充此類將重文得補數萬，豈復許君之舊乎？又
六書大例，省不省只是一字，今本既云省，仍分兩字，如貝

母之莔，囧聲而曰明省，則不省即萌矣，漢堇省聲而云難省，則不省即灘矣。洞羅之洞，冒聲而云冥省，則不省即溟矣。掘閱之掘，屈聲，而云屈省聲，部末復添堀篆。縱從聲，復添從省之縱。若此之類，顯然改補。

這是別的許學家不能說的。

清代小學家大都喜歡研究金石學。桂馥本是金石家，嚴氏有鐵橋金石跋，對於金文尤有研究。段玉裁雖沒有深邃的研究，但也曾用金文的攸勒來釋詩，因而說，

「許氏以後，三代器銘之見者日益多，學者摩挲研究，可以通古六書之條理，為六經輔翼。」

王筠更常用金文的字體來和說文比較。本來許慎在自序裡說到鼎彝，其銘皆古文的話，所以研究銅器，可以說是許學的家法。近代古文字學的發展，也不能不歸功於這班做前導的許學家。

乾隆時許學正盛行，莊述祖卻想利用彝器文字來建設出一個古籀系統來代替說文。但是他所苦的還是材料太少，認識不足。並且他想把一切文字都推源于甲子等二十二字，這是一種玄想。

嚴氏說文翼未刊，莊氏說文古籀疏證一直到光緒時才刻。乾嘉以後，金文學雖極盛，但辨識文字方面，進步很少。陳慶鏞龔自珍等所釋，往往穿鑿不經，只徐同柏許瀚所識，較有根據。吳大澂作說文古籀補，古文字才有專書。他又有字說，頗有些很好的見解，像寧王、寧考、前寧人、寧武等寧字為文字的傳誤，二千年來沒有人說過，很可以壯古文字學的聲勢。但他不免蹈襲前人釋金文的方法，而有許多臆說。

小學家不能深通金文，而金文家不治小學，所以辨識古文字的方法和條理，沒有人去注意。和吳氏同時的孫詒讓，以小學家兼金文家，條理清晰，方法精密，前此未有。所著古籀拾遺，古籀餘論，契文舉例，名原等書，雖不免錯誤，但他所懸的，以商周文字展轉變易之迹，上推書契之初軌的鵠的，卻頗有一部分的成功。

庚　文字學史上的新時期

自殷虛甲骨發現後，中國文字學就到了一個新的時期。以前的學者治金文，只注意周器，周的文字和篆籀大致相近。周以前器文字本不很多，稍奇詭的象形字，就大都不以為文字，所以說文的系統沒有推翻。最先用金文來和說文比較，最後也不過像吳大澂把金文來補正說文罷了。但甲骨文字發現以後，這種觀念大有變化，因為離開小篆很遠，象形象意的文字較多，使大家覺得小篆為主的系統不用再去維持，許學最後的壁壘也被衝破了。孫詒讓的名原是這個時期的先驅有些自命為正統派的學者，眼看着他要祧許慎而祖倉頡，不禁義憤填胷，出而抵抗，於是有人說甲骨是假造的，銅器是靠不住的，也有一反許學的家法，說這種文字，不足為證。這種反抗的議論雖不少，但事實勝於雄辯，文字學將有極大的變革，已成為現代一般人的普遍觀念了。

繼孫氏後，有功於古文字的人，是羅振玉和王國維。羅氏的殷虛書契考釋開闢了研究卜辭和文字的新路，可惜方法太不謹嚴，開後來許多流弊。王氏的史學研究，提高了卜辭的聲價，文字方面，也頗有發明。

羅王以後，研究卜辭文字的人很多，最著的葉玉森，所識雖多，大抵穿鑿附會，不可信據。他說「學討三千年上之殘餘文字，若射覆然，焉能必中」，正是他最忠實的供狀。研究學問，沒有方法而只去猜謎，猜中且不必論，猜不中豈不誤盡蒼生。這種猜謎的惡例既開，人人都可以識甲骨文字，末流便至於肆無忌憚，這實是古文字學進步中的一大厄。

和羅王同時的林義光著文源十二卷，專用金文來訂正說文，金文所沒有的，仍用小篆。解釋方面，間有可取，但大部是肊說。他的書是用六書分類的，一、全體象形，二、連延象形，三、分理象形，四、表象象形，五、敍列象形，六、表象指事，七、敍列指事，八、形變指事，九、會意，十、轉注兼形聲，十一、二重形聲，詳見所附六書通義，支離瑣碎，無可取。但他所駁正許說的，狠切當，在那時候，不失為豪傑之士。

卒　結論

由周至漢，是文字學的創始時期，魏晉以後，日漸衰微，唐至宋初，為中興時期，宋元為革新時期，明代又衰落，清代重振，就開出一個時期。吳大澂孫詒讓是這時期的先驅，羅振玉、王國維是這時期的後繼，四家中以孫氏方法為最精密，但還拘牽於經學，泥迹於六書之說，所以要集大成，尚有待於將來。

中編

一　中國文字的起源

甲　語言的起源

文字是代表語言的，所以語言文字的關係異常密切，我們要研究文字的起原，當然得追究到語言的起原。但是語言起源，最難研究，在有史以前的荒古時代，早已有了狠複雜的語言，我們又何從探討無言到有言的經過呢？所以關於這問題只能推測一些或然的大概罷了。

有的學者說人類是經過無言時代的，但所謂無言，指狹義的語言而言。人類本由動物進化，動物已有傳達意見的呼號聲，那末人類自始就有語言。不過不是完備的語言，嚴格分別起來，就不算是語言了。

那種原始的廣義的語言，即人類和其他動物相近時的語言，我們可以分為本能的和學習的兩種。本能的是些簡單的呼聲；當身體上某部分受刺激後自然發出來的，凡用以表示高興，滿足，喜愛，企求，失望，悲慟，憤怒，驚駭，畏懼，奇異等情感的聲音，大都是元音。由學習而來的，是摹仿其他動物以及自然界的各種聲音。像水的澌澌，犬的熊熊，牛的牟，羊的芈之類。

許多動物已有家庭和社會，所以有些同羣共喻的語言，在最原始的人類裏，已經有了。統率者和被統率者間，一定有很豐富的語彙，至少有許多動作的字，如飲食住行等。

原始語言，數量大概不很少，但不能算做完備的語言，因為他們的智識還沒有發達。在人類知識發達的時候，也正是工業藝術等發達的時期，是人和動物的分界。人類知識的發達，能把事物分析，較前精密，例如在形體上能分出大，小，方，圓，長，短，闊，狹，高，低，厚，薄等不同，在數目上能分析一二三四，以至更多的數目，這種真確的認識，促進人類的文化，同時，新的語言也產生了，——這些語言，大概由口的擬勢，和聲的強弱長短而產生的，由這種語言來傳播各種新知識，語言愈積愈多，文化也愈進愈高。

那時候，在説話時感覺到困難的，是許多實物的名稱，除了一部分實物，可以用摹仿聲音的方法外，無法可施，於是假借的方法就出来了。語言裡假借的方法，一直到現在還通行着，正像我們説湯圓藥粉煤油一樣，古人把頭頂叫做頂，顛，或定，因而有山顛，樹顛，又因而有頭頂上的天，把低下叫做低，於是有樹的根柢，有腳的稱止，腳下的地，和地祇，這方法盛行以後，無論何物，都可有新的名辭，而語言才可完全表現一切事物了。

語言完備以後，隨着時代而發達，在每一種文化裡面，產生出許多專門術語，而普通語裡面也常有新陳代謝，所以各地域的語言都不一致，隔絕愈久的，就完全不同。

抽象語的起源較遲，像親戚，顏色，方向，萬物等，都是文化很高以後才有的，所以許多較原始的民族，這類语言是很缺乏的。但我們不能說這些不是完備的語言，因為這種差異，只是文化高低的反映罷了。

乙　中國原始語言的推測

語言的起源，遠在文字以前，當文字創始時，已經夠複雜了。語言的本身，沒有法子保存下來，但文字方面，我們還可考見一些概略，我們由文字裡，也還可以窺見古代語言的形態。

不過，不幸的很，中國文字雖有聲符，而注音方法，很不嚴密，每個字的聲音，隨時代地域而有變異，所以我們儘可以認識許多古字，可不容易知道牠們在古代的读法，這在研究古代語的時候，將感覺到很大的困難。

但我們還有些方法可以推考古代的读法，例如同一聲母的字，古讀應該相同，和摹仿聲音的字，读音應和所仿者相近，同一語根的字，讀音應差不多之類。

在這裡，有一點是我們應特別注意的，就是中國語言的特點。誰都知道中國語是一種孤立語，這種語言的特徵，和她的文字有密切的關係。

有些學者想把中國原始語和文字發生後的語言隔開，他們以為中國語之所以為孤立語，是受文字的影響，他們不但主張原始語和近古以來的語言不同，並且假定早期的文字的讀法，有些還有兩個以上的音節。

筆者對此不能贊同。中國語言，與其說受文字的影響，不如說文字受牠的影響。我以為中國古代語的單語，大都是單音的，兩音節的較少，三音節的更少，到四音節以上，幾可說沒有。我們可以由古書和甲骨金文來證明的。人名有四字的，但分屬於氏和名。惟其如此，造文字的人，才使一個字只代表一個音。因為一個單語，至多不過用兩三字來代表，不見什麼不便，他們就不費心去造代表兩音以上的專字了。

所以許多兩音節以上的單語，古人就沒有替牠們造字，只隨便借些同音字組合一下就行了。譬如鳥名的倉庚，就是很好的例子。但如艸名的芣苡，虫名的蟋蟀，已給後人添了艸加虫旁，變成專字，（這種字往往拆開來，不能單獨成義。）這是錯誤的。

學者想把古文字讀出兩個以上的音節，更是大錯。無論詩經裡韻文格律的謹嚴，可顯示每個字的單音，即以聯綿字說，假如一個字可代表兩個以上的音節，何必又寫成倉庚，芣苡等兩個字呢？楚人謂虎為於菟，是方言，鬭穀於菟，仍寫於菟兩字，不是寫一虎字而讀做於菟。吳人自稱為攻吳，都寫作兩字，別國人稱她為邗，是攻吳的合音，就只寫一字了。可見一字只代表一音，決沒有讀兩音以上的事實。（合體字自是例外。）

中國語還有一種習慣，意義雖有延展而語不變，像日月和今日今月的日月是一樣的。也有聲調稍變化，像食物，飲食，和推食食我的食之類。這種習慣，也影響到文字，所以同音異義的字，特多。

總之，原始中國語，單音字多，同音異義字多，有聲調的變化，而沒有接頭接尾等形式的變化。這種孤立語的性質，決定了方塊式的中國文字。有些人歌頌拼音文字的好處，怨詈了形聲文字的優點，往往歸咎於我們祖先的入了歧途，他們不知道中國語和雅利安語等根本不是一條路，我們的祖先，只是走其必須走的路而已。

丙　文字是怎樣產生的

說到中國文字的起源，一般人就會聯想到「上古結繩而治」。結繩記事，在原始部落裡很習見，不過古代中國是否有過這個時期，和這種記事法是否在文字產生以前，是無法證明的。因為作這樣說法的，最早是莊子胠篋和繫辭，都是戰國時書。那時人喜歡把推想中的文化演進史，當做真實的歷史，庖犧，神農，燧人，有巢等，大都是那時人所擬議以代表某種文化的，所以可信的成分很少。

即使古代中國有過結繩的事情，也和文字的發生沒有直接關係，因為這只是幫助記憶的符號罷了。但八卦的起源往往和文字起源聯繫在一起，卻很像有直接關係。在漢以前還沒有這種說法，許慎在說文序裏，推文字的起源，說到庖犧的作八卦，於是就成了常見的議論了。坎卦作☵和小篆的水（在偏旁裏水有作☵形的。）正同，這是許多小學家所樂於稱道的，但其他各卦就不能這樣湊巧了。坤字在漢碑裏作巛川等形，周易音義說坤本又作巛，毛居正、鄭樵就說是☷卦的直寫了。火字小篆作火，也有人說是離卦的☲，而天字艸書作王，也被附會做乾卦的☰了。但震艮巽兌無論如何也是附會不上的。

這種附會的人，不知道商周的古文，和篆隸真艸大有不同。稍通古文字的人，對這種怪說，只有付諸一笑，所可注意的，僅是八卦和文字究竟有沒有關聯罷了。我以為八卦的本身，是巫術和算術混合的東西，所以筮字從巫，而算和算實在是一個字。（詳下篇）牠的起源，雖難詳考，但既叫做周易，八卦的名義，就未必是周以前的舊觀。卦的基礎是爻，拿奇數的一來代表陽，偶數的--來代表陰，所以八卦的名義是隨爻的陰陽剛柔等錯綜而成，☰有剛健的意思，☷有柔順的意思，震☳，坎☵，艮☶，均近於剛，☴巽，離☲，兌☱，均近於柔。定八卦名義的人，實是一個巫術哲學家，他把奇偶的卦畫，看出許多抽象的意義，（至於坎水離火等說法，更是後起，坎離何嘗不是日月呢？）這個人一定產生在哲學文學等已很發達的時代，距離創造文字的時期，至少也在千年以上了。（呂覽勿躬說「巫咸作筮」，這也是筮取起於巫的證據。）

除了結繩畫卦之外，也有人主張河圖洛書是文字之源的，但這只是春秋以後的傳說，我們無從去詳究了。倉頡作書，也是戰國時最流行的傳說，荀卿獨說「好書者衆矣，而倉頡獨傳者壹也。」大概他是不信文字由倉頡創造的，他的態度是對的倉頡這個人的有無，不必深求。文字的產生，決不是一人所能包辦的。但漢以後的學者大都繼承傳統的學說更進一步的，索性把六書也歸之於倉頡所手定。這一類說法無疑地足以阻礙文字學的進步。

文字的產生，本是很自然的。舊石器時代的人類，已經有很精美的繪畫，大都是動物和人像，這已是文字的前驅。畫一隻鹿或象，別人看見了就認識，就得到和文字一樣的效用了。但還不能稱為文字。因為這種繪畫，只能抒寫美感，而不能完全表現出作者的意思，假使畫一個較長的故事而讓十個人去解釋，也許會有十種說法的。不過在那時候，除了藝術外，別的文化還不很高，所以這種繪畫並沒有進步而變為繪畫文字。經過了很長的時期，人類由狩獵生活而進為農業畜牧生活，一般文化均有很大的進步，而繪畫雕刻等藝術卻反退步了。但繪畫技術雖退步，範圍則較前為廣，一切可以摹寫的事物，都做了畫材。當這時候，國家產生了，一切文化均受激刺而有更速的進步，因之產生了文字。文字的本質是圖畫，所代表的是語言，國家生產後，許多部落的語言，逐漸同化，每一圖形，漸有標準的讀法，於是可以描寫許多圖形來記載一件故事，而這記載是可誦讀的，就成為文字了。

繪畫和繪畫文字，除了可誦讀與否的一點外，簡直不能區別。不過時代稍後，繪畫和文字，分歧較久，差別就顯著了。但文字雖獨立，一時不能脫離繪畫，所以每一個字的寫法無定，因為各個畫家的技術不同，性情各異，點畫偏旁，增減變化，毫無標準，只要所描寫的對象大致不錯，就夠了。

文字的前身是繪畫，繪畫是以各種事物為對象的。有些學者想把文字的起源一元化，說一畫是文字的起源，像鄭樵的起一成文圖，因文成象圖之類，也有些學者想把文字的點畫，分析做若干單位，以為每個單位表示一種意義，像點的象水形之類，其實只是些美妙的幻想而已。

由六書的說法，在文字起源的時候，有一種指事文字，說從舉上下二字為例，有些人又說一字是指事，指事產生在象形之前。不知指事的分出是不必的，一字是象形，二二是象意，這種文字和牛羊馬豕日月山川的圖形，是無從分先後的。

總之，文字起源於繪畫，到統一的國家出現後，和語言結合，就產生了可誦讀的真正文字。文字的產生，由於自然的趨勢，而不是一兩個人所能創造的。

丁　文字產生的時期

中國文字在什麼時候產生，是一個牽涉很廣且饒有興味的問題。世本說："倉頡作書"，司馬遷、班固、韋誕、宋忠、傅玄都說倉頡是黃帝的史官，（見書序正義）說文序也用此說。呂覽勿躬："史皇作圖"，淮南脩務說"史皇產而能書"。書大概是畫的誤字，但高誘卻把史皇附會到倉頡身上。（他不知道在呂覽裏"倉頡作書"和"史皇作圖"完全兩事。淮南大氐襲呂覽，本篇又說「倉頡作書」，即出君守，可見皇、頡決非一人。又崔瑗、曹植、蔡邕、索靖，都說是古之王也」。徐整說在神農黃帝之間，譙周說在炎帝之世，衛氏說當在庖犧黃蒼帝之世，慎到說在庖犧之前，張揖說蒼頡為帝王，生於禪通之紀，（並見書序正義）這種異說，大概多出東漢以後，慎到說是假託的。作這種說法的，也許受淮南的影響，不過最大的原因，還是對於黃帝史官的覺得不滿足。管子封禪說管仲所記古時封太山的十二家，有無懷氏、虙羲、神農、炎帝、黃帝等，也是主張文字起於庖犧前的人所常稱引的。

禪通疏訖等紀，以及庖犧、神農，都是戰國後人所做的假史，不足置信。就是黃帝史官一說，也沒有確鑿的證據。所以關于文字起源的時期，在這種現成史料裏是找不出來的。幸而此外，我們還有兩個方法，可以推考出大略相近的時代。

第一，從文字的本身說，我們能得到大批材料的，是商代的文字，這裏大部分是甲骨卜辭和銅器銘文，卜辭大概是般庚以後的作品，器銘只有極少數的，可確定為商末，有些文字的寫法，雖顯然較卜辭為早，但不能考其確實的時代。商代文裡還保存着很多的圖繪文字，所以一般人常懷一種膚淺的見解，以為那時離文字的起源很近，許多字形沒有固定。這種說法的最大錯誤，由於忽畧了形聲文字。卜辭裡有很多形聲文字，銅器裡我們可以把集咎殷做一個例子，一個集字還保存

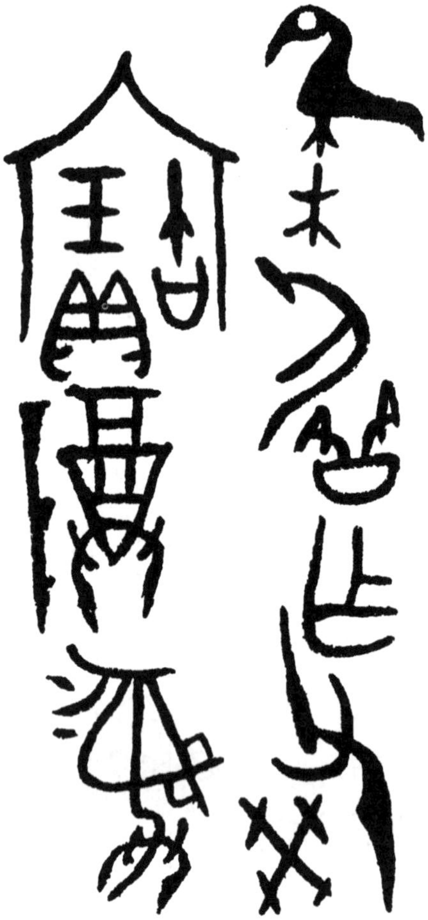

集俗咎乍父癸

寶隮彝

圖繪文字的作風，而咎，寶，隮，彝，四字，已都是形聲字了。形聲字

的產生，遠比圖繪文字爲遲，是文字史上的通例。我們把有形聲以後的文字稱爲近古期，以前是上古期，那末，商代文字已屬於近古期，離文字起源已很遼遠了。

像我在殷契佚存序裡說過的，安特生甘肅考古記裡面所載的辛店期陶器上有些他所謂花紋或圖案，實是一種較古的文字。如下圖所載除丙圖的人形而有衣裳，較爲奇特外，

第二圖　采自甘肅考古記第五圖

甲圖的馬形，示面向後方，僅見雙耳；乙圖象齒輪，丁圖象鳥形，在商代金文中，頗有類似的文字。第三圖甲的馬形，與彝器上的極似，所不同的，只是四足和兩足；乙的輪形，較此甚簡單；鳥形

在商時多作一足，但也有作兩足的。

甲　乙　丙

第三圖

甲　馬辛父辛𣪘　隻卣，下隻父癸爵

乙　毌𣪘

丙　上矢白

由上面所比較，已能證明陶甕所繪確是文字。第四圖裡

第四圖　甘肅考古記第三版第二圖縮小

犬和羊，尤其可以加強我們的信念。犬字作𤝔，對於頭部寫法

的省略，正是中國古文字的特點。羊形在國中不全，疑當作即蒐的本字。

據安特生的假定，辛店期離現在大概有四千五百年左右。這時期的文字所知道的只有這些，當然還不夠做什麼研究，但大體上我們已能斷定牠們和商周文字是同一系統。這時期裡或許還沒有形聲文字，而商代文字裡早已有了。我們假定形聲文字的產生在三千五百年至四千年以前，那末，中國文字的起源總在六—七千年前吧！

第二，由歷史方面說，歷史是文字很完備以後才產生的。中國的上古史，雖還沒有完好的記載，但我們有理由說從孔誕前千五百年左右，（距今約四千年）已進了歷史的時期。卜辭裡所記先公先王，由王亥到示癸，正在夏時。古本紀年，世本，史記對夏商兩代，有世系年數和史事的記載，商代的先公先王，一部分已可證實，那末夏系同時的歷史，也可以相信了。古代神話，到夏以後很衰微，而詳細的歷史傳說卻起自夏。彝器刻辭裡稱述禹的功績，孔子稱述堯舜和禹，孟子述堯舜到孔子的年數，有些夏代文化在周世還保存着，（如夏時視之類。）夏都可以證明由夏代起已有歷史了。

商初的唐，（即湯）和伊尹的伊字，已都是形聲字，夏初的稷和咎繇，（或作皋陶）也都是形聲字。以地名說，像青雝等州名，沔（即河字）淮等水名，窮鬭等國名，也都是形聲字。那末，夏初也許已有形聲字了，形聲字的起源，或者還在歷史之前吧。

在夏初的記述裡，可以保存着夏以前數百年的傳說，那些較古的，（閼于）兩昊諸帝時代的傳說，正同舊約一樣，決不是完全子虛的。據左傳說，太昊的官名用龍，少昊用鳥，黃帝用雲，炎帝用火，共工用水。又少昊的官有鳳鳥，玄鳥，伯趙，青鳥，丹鳥，和祝鳩，鵙鳩，鳲鳩，爽鳩，鶻鳩等五鳩，以及五雉，九扈。其中爽鳩氏所住的地方，是後來的齊，可證明這些傳說是有根據的。但這些官氏的名称最初恐怕是圖形文字，鳳鳥氏畫一個鳳形，玄鳥氏畫一個燕形，爽鳩假如是鷹的話，就畫一個鷹形，現在的名稱是經過後人翻譯的。

由歷史的考察，我們也可以假定形聲文字的產生，約在四千年前和從文字發展方面推測是一致的。

二 文字的構成

甲 三書

關於文字構成的說法，舊時只有"六書"。這種學說，起源於應用六國文字和小篆的時期，所解釋的只是那時的文字，離開文字創始的時期太遠，所以對於文字的分析，並不精確。而且像"六始"的兼有風，雅，頌，和比，興，賦一樣，指事，象形，會意，形聲是四種文字的名稱，而轉注，假借，卻是文字應用時的方法。這種混淆，很容易教人誤會。

但是這樣粗疏的理論，竟支配了二千多年的文字學，沒有一個人敢逾越牠的範圍，有些學者把文字精密分析後，知道六書說是不夠說明的，但他們沒有想打倒這傳統的舊觀念，反而自己歐絲來加重牠的縛束，於是象形兼指事，會意兼形聲等，繁碎的條目，使人望而生畏，而文字的性質，愈解釋愈不明白。有些研究文字的人，更不懂得六書的真義，像把轉注認為一種文字之類。

總之，六書說的缺點，第一是不精密，我們不能把牠來分析一切文字，第二是不清晰，我們很難知道牠們確實的定義。這種學說是早應當廢棄的。在往時，古文字的材料太少，而且學者們大都有佞古癖，所以沒有人想去改革，但在現代古文字材料如此豐富的時期，我們還不能建設一個新的較完備的系統來替代舊說嗎？

我把中國文字分析為三種，名為三書，第一是象形文字第二是象意文字，這兩種是屬於上古期的圖繪文字。第三是形聲文字，是屬於近古期的聲符文字。這三種文字的分類，可以包括盡一切中國文字，不歸於形，必歸於義，不歸於意，必歸於聲。

象形文字是畫出一個物體，叫人一見能認識，這是代表什麼。見馬形名之為馬，見牛形名之為牛，名與實合，所以我，把牠叫做「名」。象意文字不僅畫出一個物體而是由物形的變易增損，或綜合兩個以上的物形，來表示某種狀態，可以由讀者去意會的，物相雜之謂文，所以我把牠叫做「文」。形聲文字以有聲符為特點，字者孳乳而生，所以我把牠叫做「字」。這三者間的界限是很容易分的。象形象意和形聲的區別，是後者的有了聲符，而不屬於象形和形聲的字，必然是象意字了。

用三書來解釋中國文字的構造，是最簡便，而且是最合理的。但比之六書說，還少了一種，那就是指事。指事的定義很含混，介於象形象意之間，大概古人覺得有一類象形字，沒有實物可指，例如數目的一，或形體的口〇（方圓等）。又有些獨體象意字，前人不能歸入會意，（因為止戈為武，人言為信，定義很狹。）就不能不別立一個指事。用現在的眼光看來，只是一個贅疣。

一個學者，假如自命為衛道家，或許學正宗，這種說法，當然被目為離經叛道。或者依戀舊說，不能自拔，當然也不能接受這個新說。但如果要尋求真理，要確實地明白文字的構造和演變，那就非用三書說不可，因為在革新文字學的進行中，這是第一塊的基石。

乙 原始文字

過去有許多學者，在說文裏尋找原始文字，由唐以來，就把五百四十個部首叫做"字原"，一直到現在，還有許多人把部首當做文字學的綱領，這是可笑的錯誤。許君說："倉頡之初作書，蓋依類象形，故謂之文，其後形聲相益，故謂之字。"象形字首出，形聲字後起，本很清楚。但他的分類法很粗，凡有從牠為形的字，都可建為部首，不管牠是象形字或形聲字。所以，這些部首，本不能代表原始文字。

原始文字這個名詞的意義很含混，可以假解說做每個文字的原始狀態，或原始時代的文字，我們現在所習用的，和初文的意義相近，指最早的文字的母而言，很有些像言語學裏面的語根。

追求字源，或許比語根容易些，但也有很多難解決的困難。現有的古文字材料，幾乎完全是近古期的，要研究上古期文字，就感到沒有直接材料的困難。近古期的較早部分，一般商系和西周早期的文字裏，還可以看出一些上古文字的遺蹟，但這當然是殘缺不全的史料了。

在近古期裏，時代愈早，象形象意的文字愈多，而形聲文字絕少，時代一遲，就成為反比例，這種現象顯示着形聲文字的起源很遲，在上古文字裏只有象形和象意。

如果我們把文字分類，就可把許多同形體的象意字，隸屬於一個象形文下面，這是較直捷的辦法。如果要把圖繪文字裡每一個單體，不拘是象形或象意找出來定為字源，這就困難了。但如果有成績，是可以和語根的研究相結合的。

總之，原始文字，還在探討的時期，隨便找些文字來定為『初文』，在文字學上是不能成立的。

丙 象形

文字的起源是繪畫，既如前面所說，那末學者們所分析的象形文字前的文字畫，是不需要的。假如我們把近乎圖畫的文字，屏除在真正文字之外，那就無異於把石器時代的人類，屏除在真正人類之外。因為許多銅器的文字，是近乎圖形的，甲骨文字也是如此。前人給說文裡較遲的象形文所囿，而卜辭還沒有發現，所以誤把這種較古的圖畫文字，當做圖形而非文字。在現在還要維持這種說法是不可能的，至多只能在銅器銘辭裏找出幾個較難認識的文字吧了。

只要對古文字有常識而沒有偏見的人，一定會相信□就是□刀字，□就是甘 止字。并且更會相信，要明白文字的原始意義，大部分須憑藉這些較古的材料。這種材料雖則所缺很多，但有許多字的歷史，是比較很完備的。

由這些歷史裏，可以知道，所謂象形文字，不是有一定寫法的。因為這是由圖畫蛻化來的，在圖畫裏，不管用工筆或寫意，均以描寫出物體為主，初期的文字，也正這樣，只要和所象的形近似就完成了使命，至於用什麽技術或方法，是可不問的。所以□丁字可以只畫一個匡廓作○，○日字可以加一點作⊙，□字有時畫做□（觶 乙）有時畫做□（鼎 覝）萬字有時畫做□（萬 戈）有時畫做□（萬 斝）筆畫多少是沒有規律的；□（伯魚卣）字可以畫成□（嘯堂集古錄魚鼎（原作觧鼎）），後者是用點來組成的；□可以畫作亻，龜可以畫做□（丙龜父鼎），也可以畫做□（龜觶），去畫那側面；由這些變化裡，我們可以說象形文字注重在全體上，象某實物的形，使人一望而知，但不在筆畫的繁簡，而且也沒有固定的結構。一般人看慣了已經凝定的篆體，見到這種流動的狀態，難免駭怪，不知這正是象形文字的特性。既說“依類象形”，魚當然得象魚，鳥當然得象鳥，那末，各人就有各人的畫法，當然是不能一致的。

在前面我所下象形的定義，是畫出一個實物的形體。在舊時六書說裡，象形的範圍還要廣泛得多，只有純象形字才是現在所說的象形，“複體象形”，“象形兼指事”，“象形兼會意”之類，是應併入象意字的，而“象形兼形聲”是應併入形聲字的。又舊時的指事字裡面，有一部分實在是象形字，不過所象的是抽象的觀念而不是實物。這種字裡象□○是象方圓的形狀，但沒有實物可指。

數目字的起源很難明瞭，我以為由手勢衍成，一，二，三，亖，是代表一指到四指，五字本作乂，六字本作∧，七字本作十，八字本作八，代表兩指交錯成的姿勢，五七是一組，兩指相交，一側一正，六八是一組，六指頭相接，八分開，九字作𠃌，象手臂形，十字作丨，豎一指形，廿，卅，卌，作∪，ɯ，ш，象豎二指至四指形。很古的契裡已有了這種象形，像安特生在甘肅所發現的骨契圖五裡似乎有兩組記數法，一種是刻齒的方法，一種所刻是八

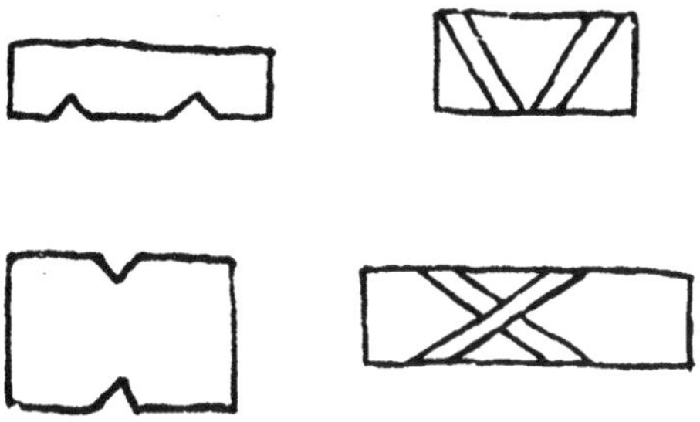

圖五　甘肅仰韶期骨契

出西寧縣周家寨

采甘肅考古記第三圖

和五字。又殷虛所出卜骨，在骨端四側，常有一乂字，和卜辭無關，也有作X字的，（圖六）大概是記數用的。董作賓氏曾提出一個"冊六"說，以為六龜一冊，現在知道六是入之誤。（卜辭六入均可作∧。）但這五字，也不像卜辭，歸檔時所刻，或者修治卜用骨後，工人用以記

圖六甲

北京大學藏骨

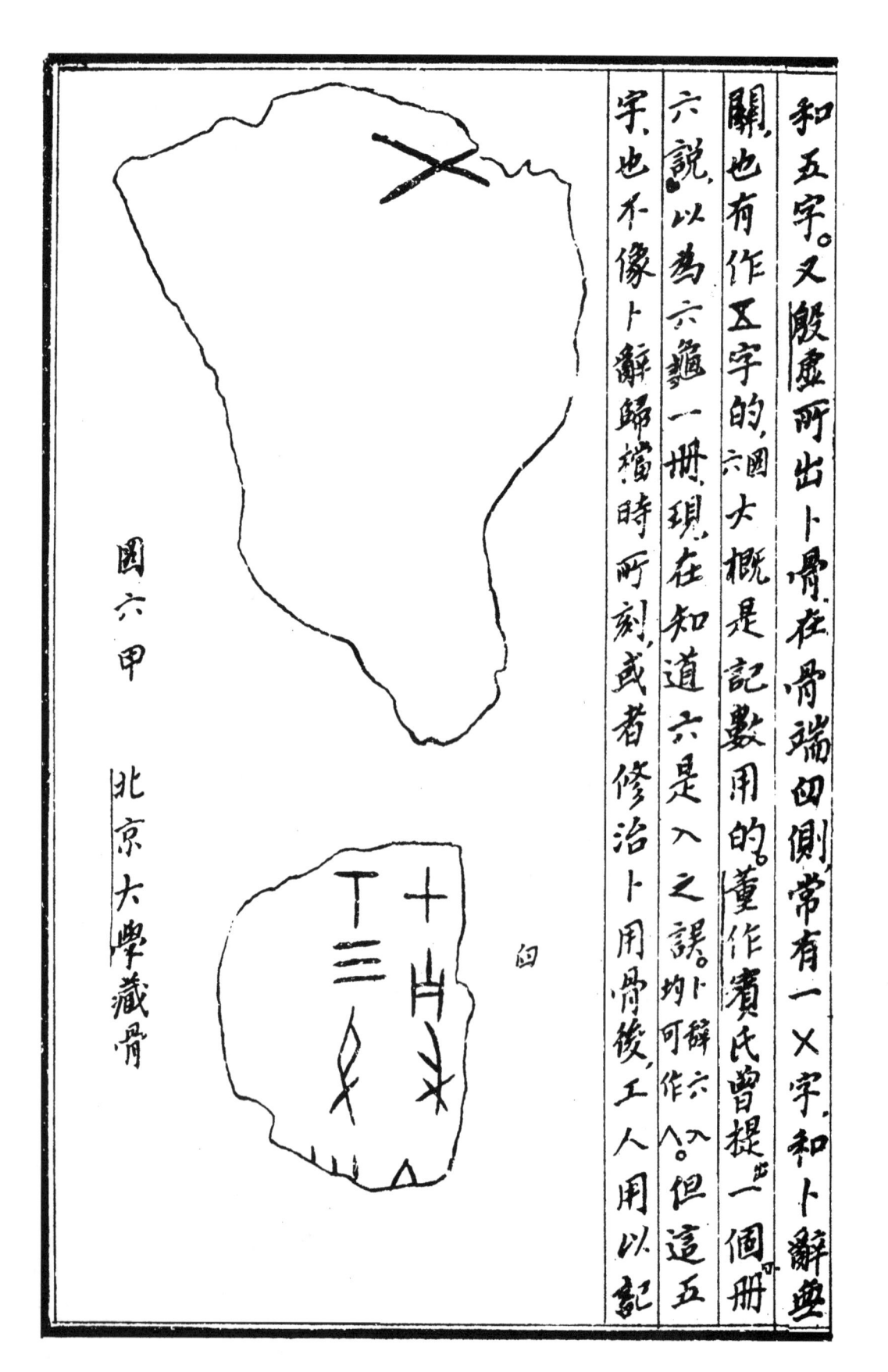

改訂本正訛

九葉下（本書頁三二八）三行　後來李氏《古器物銘》說當爲趙氏《古器物銘》說。

十葉上（本書頁三二九）十四行　洛陽韓墓應爲洛陽金村。

十四葉上（本書頁三三七）十四行　《殷虛書契續編》應爲《殷虛書契後編》。

圖版

圖版目録

圖一甲　安陽出土的寫卜辭未刻骨版

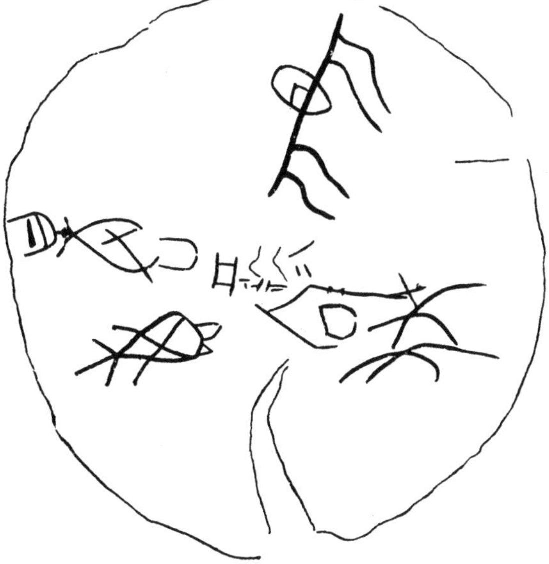

A

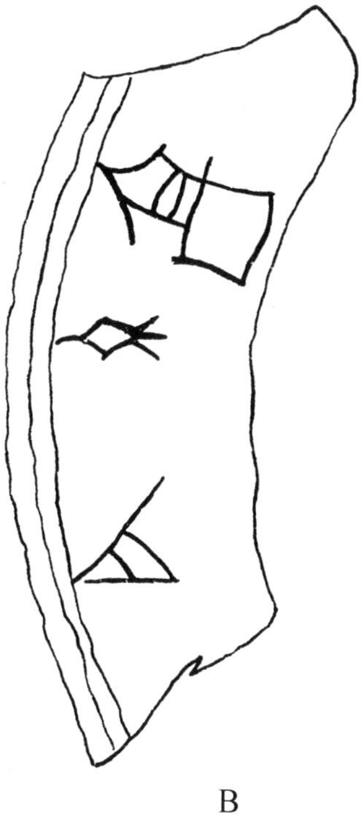

B

圖一乙　陶器上的文字

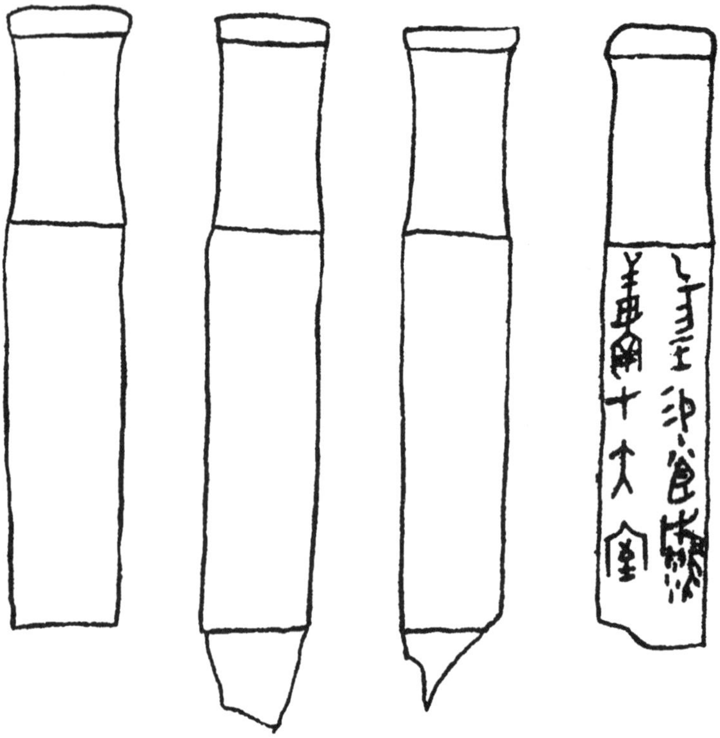

圖二　玉上的文字

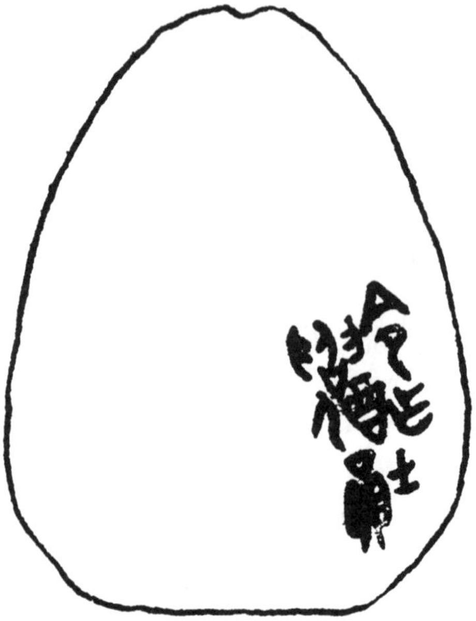

圖三　土墳

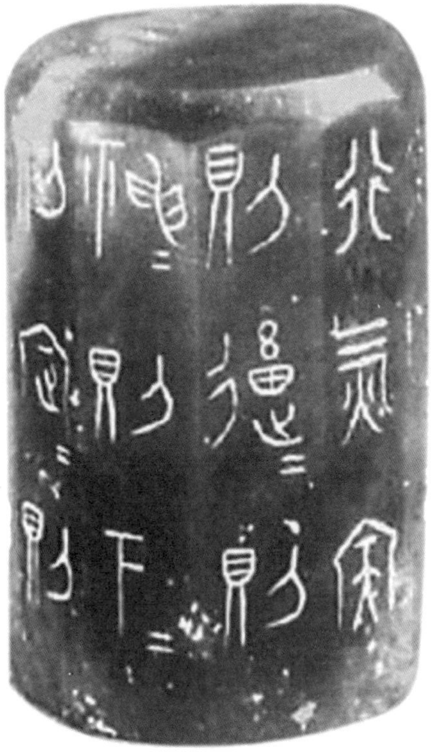

A

圖四　玉刀柲上的文字

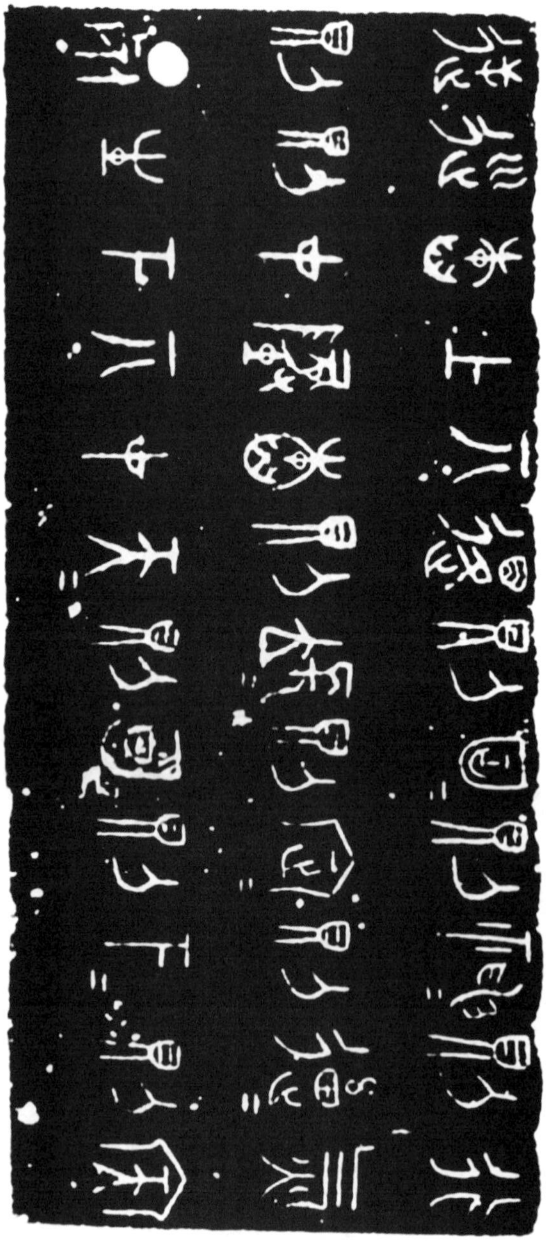

B

圖四 玉刀柲上的文字

C

圖四　玉刀柲上的文字

A

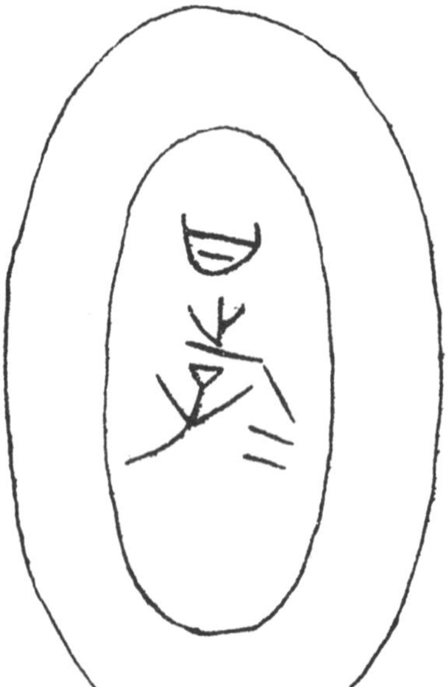

B

圖五　銀器上的文字

圖六　周景王時的古錢

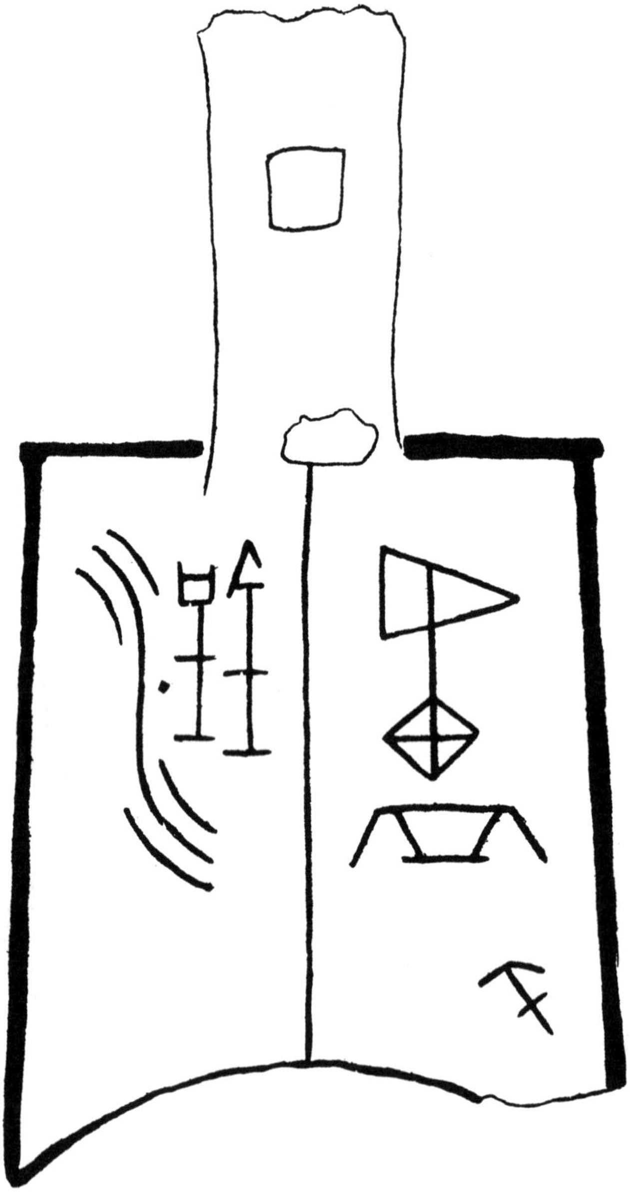

圖七　空首布

A

圖八甲　蟲書（王子䢼匜）

B

C

圖八甲　蟲書（王子徥匜）

圖八乙　蟲書

引自《薛氏鐘鼎彝器款識》卷一商鐘三

A

圖八丙　蟲書（玄鏐戈）

B

圖八丙　蟲書（玄鏐戈）

A

圖八丁　蟲書（自□用戈）

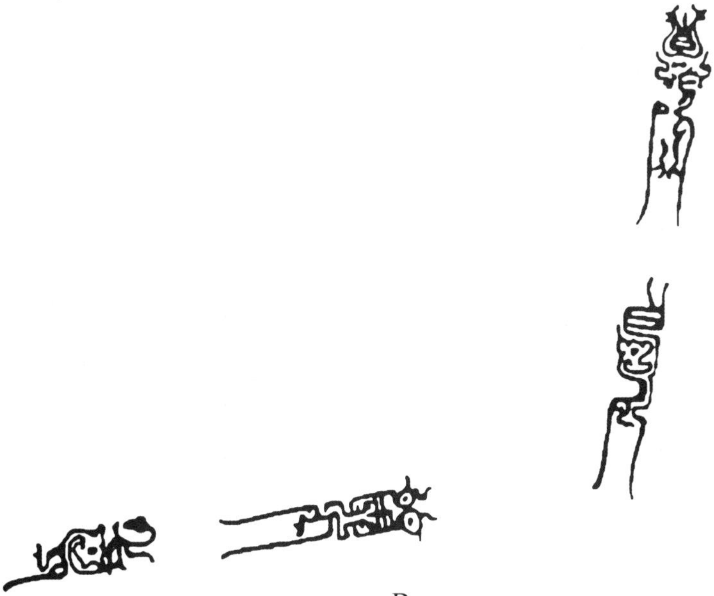

B

圖八丁　蟲書（自□用戈）

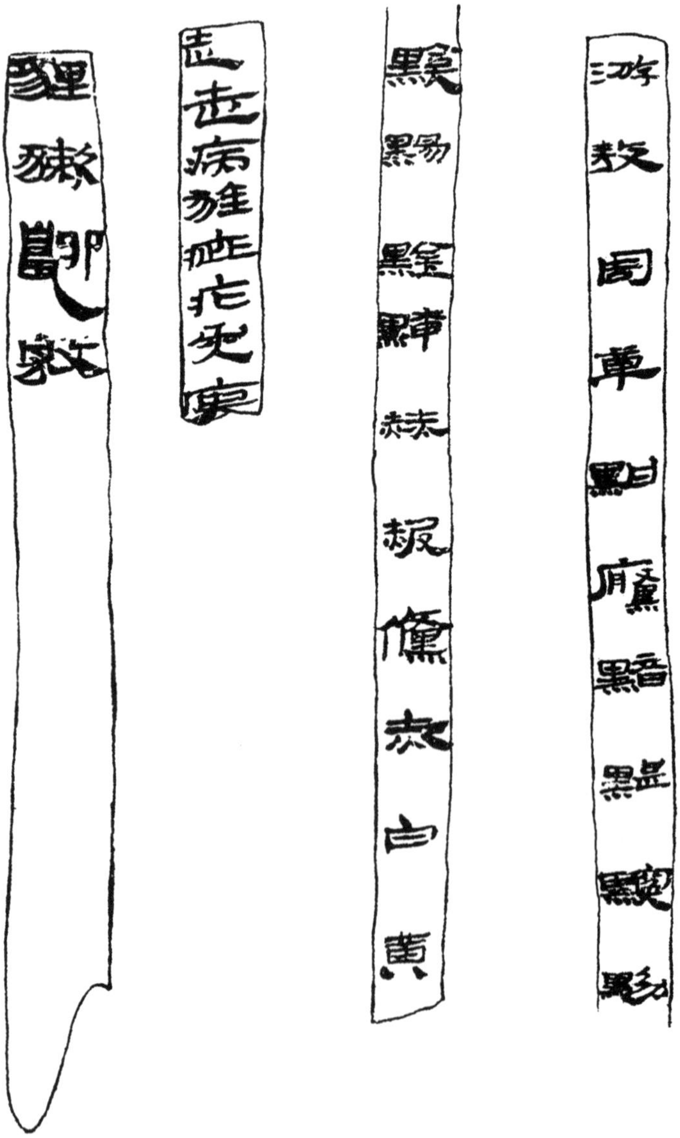

引自《流沙墜簡》一、一

圖九　隸書（漢簡）

A

圖十　鬳戈銘文（鬳句兵）

B

C

圖十　甗戈銘文（甗句兵）

周余田陳膀氏量十六 甾

立事本周書立政又見宋王復所敦諯余銅甑又見余威媵匋霝山吉
城出二銅匜立事卽相身記田常始相齊荼子監子白三年和化相無
召同音自卽同止邂蓋莊子所止器陳氏四量此一也幾許說田器字
从升同人或入𦍒田或田器卽炭與王从・見吉匋主辭主邕䇹吳
清鄉吕烝此匜字弟六
炎豬丁丑十一月廿六介日雲中
              區又

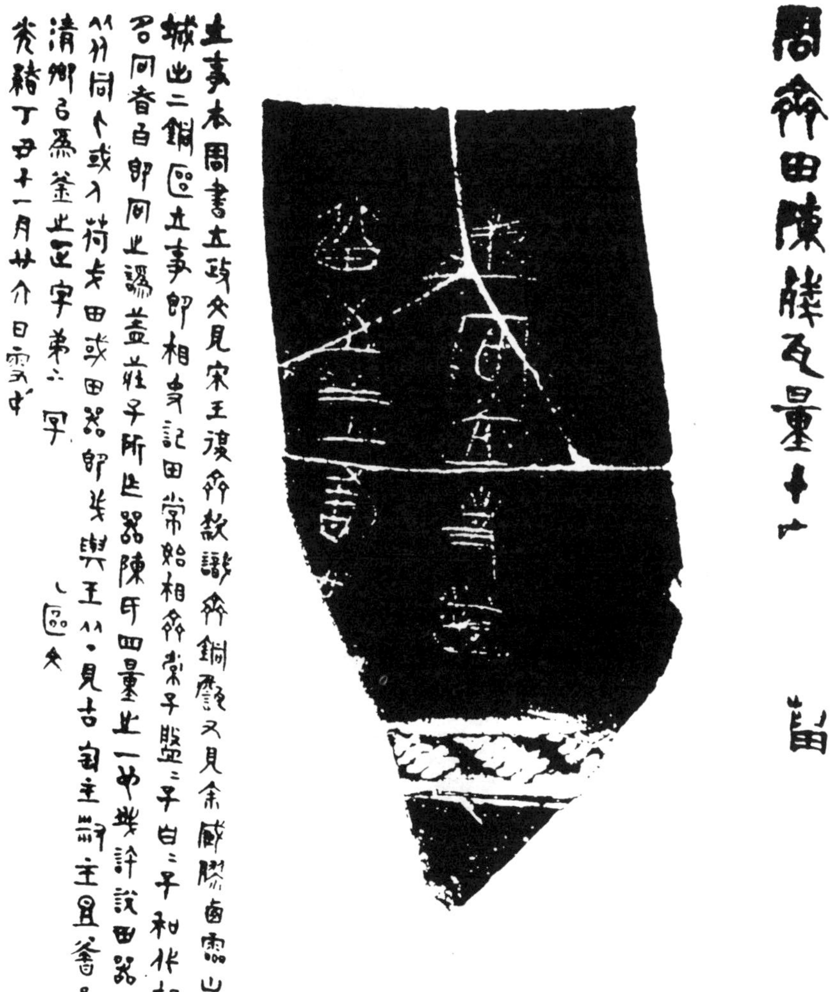

圖十一　陳向匋銘文

A

圖十二甲　戰國時兵器（陳子戈）

B

圖十二甲　戰國時兵器（陳子戈）

A

圖十二乙　戰國時兵器（陳子戟）

B

圖十二乙　戰國時兵器（陳子戟）

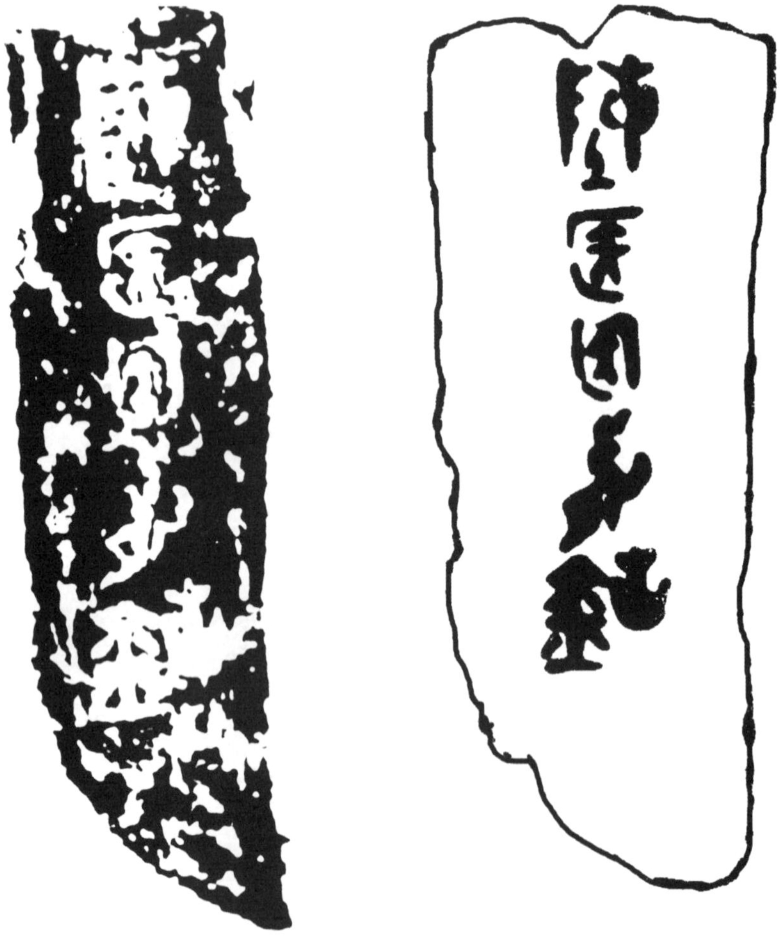

A　　B

圖十二丙　戰國時兵器（陳侯戟）

圖十三　黿義伯鼎銘文

圖十四甲　保侃母壺（器形）

圖十四乙　保侃母壺（銘文）

（全圖）

（局部）

圖十五　父戊𠬝盤

圖十六甲　亞㚸盤（全圖）

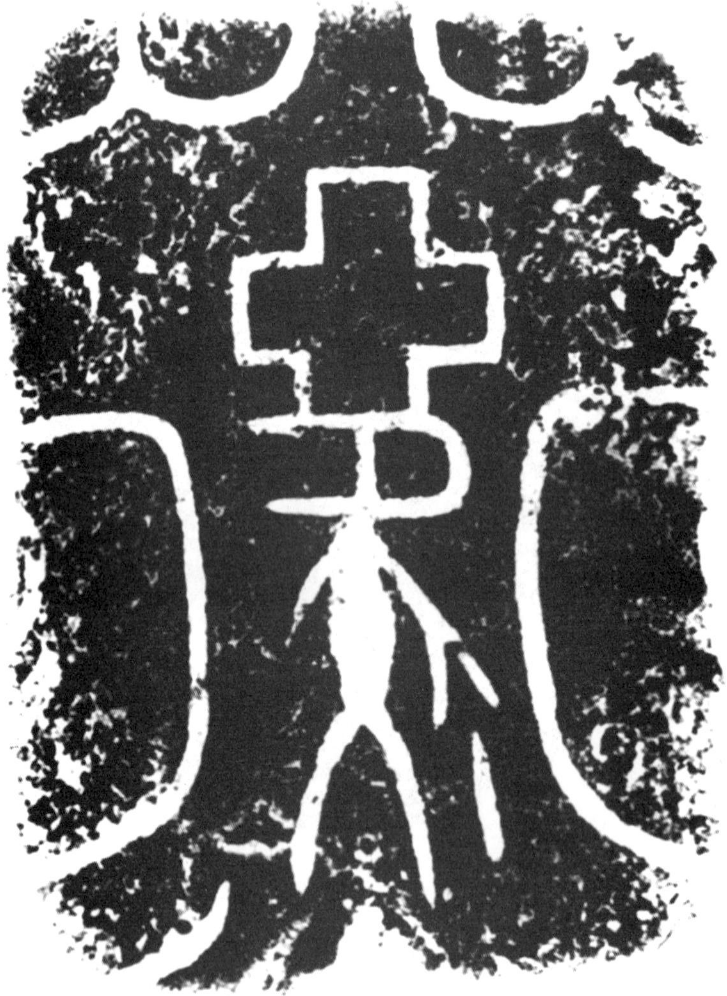

圖十六乙　亞兟盤（銘文）

（全圖）

（摹本）

圖十七　黽盤

圖十八甲　乍弄鳥壺（器形）

圖十八乙　乍弄鳥壺（銘文）

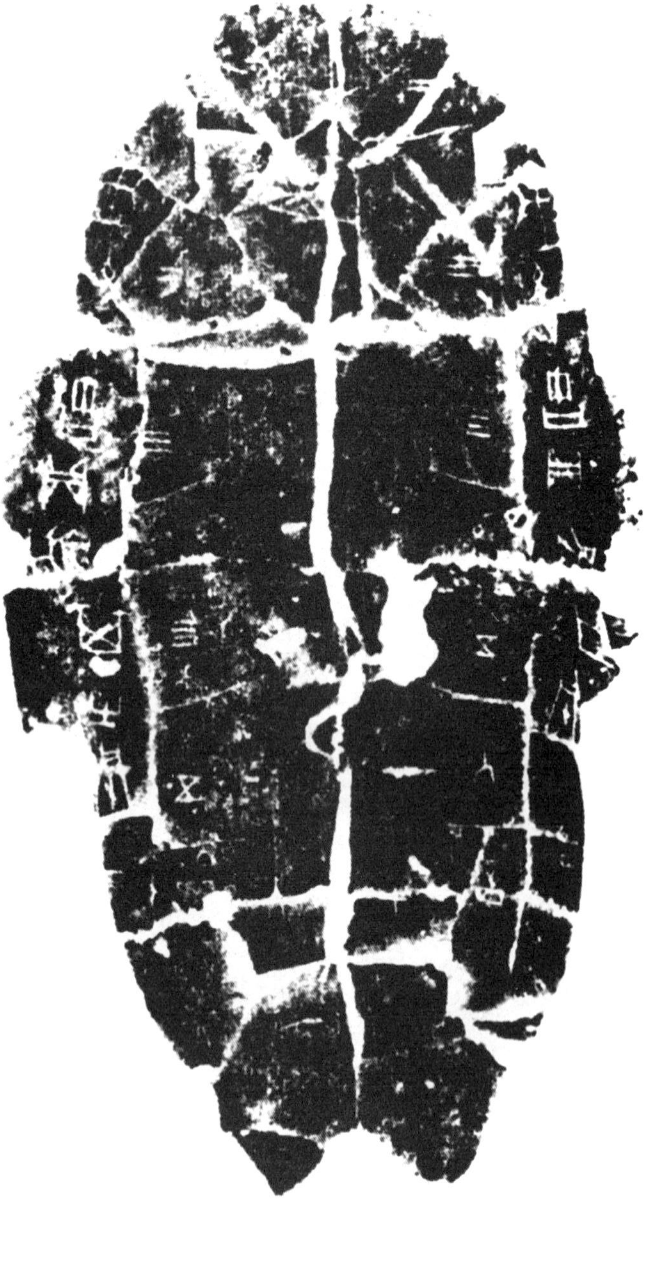

圖十九　武丁時龜甲卜辭（一）

圖二十　武丁時龜甲卜辭（二）

圖二十一甲　克盨蓋圖

圖二十一乙　克盨蓋拓本

第三版跋

很慚愧，這本小册子，要印第三版了。這本書寫於一九三四——一九三五年，本來是在北京大學的講義，後來匆匆地把它公開發行了。在自叙裏曾希望在再版前，修訂書中的錯誤，但是將近三十年了，還不能踐這個宿諾。至於原叙裏所説唐氏古文字學七書的其它六書的完成，就更爲遥遠了。

我改行已經十多年，但還時常有人要我談談古文字學，有的學術機關要重印這本小册子作爲參考書，一九五七年曾重印過一次，才隔了六年，又要重印了。這本書裏顯然有一些錯誤的地方，在文字的發生與發展的方面，在創造新文字的方面，我現在的看法，已有很多不同，但由於付印匆促，來不及改了。好在這本書的主要部分，研究古文字的方法，我自己覺得還没有多大錯誤。用歷史發展的觀點來研究古文字，是這本書和其它著作不同之點。一九四八年夏天，我曾想補上一段，要用批判的精神來研究古文字，稿成未發，今天看來，又得重寫了。因此，這次付印，還是存其舊貌。希望兩三年内印第四版時，能儘可能改一下。

一九六三年三月一日　唐　蘭

出版附記

《古文字學導論》是唐蘭同志四十多年前在北京大學教學時用的講義，一九三四年手寫石印，除隨堂發給學生外，曾加印了一百部，由來薰閣書店公開發行。一九六三年中央黨校曆史教研室作爲教材影印，由作者加了一篇跋，並在書前加《武丁時期龜甲卜辭》及《克盨蓋銘文》圖版。現在齊魯書社據講義本重新影印出版，圖十至十八，皆爲補齊，一九六三年本所加之跋及圖版亦收入。另外，作者在一九三六年秋曾作改訂本，惜寫至五十二頁而中止，今亦一並收入書中。

中國古文字研究已有一兩千年的歷史，但很少理論性的著作，唐蘭同志這部書是空前的，在今天仍很有用。現將這部書輯成這樣一個完整的本子出版，希望對古文字學研究的發展和提高起一定的作用。

一九七九年六月　張政烺

整理説明

本書有過四個本子：

一、講義本，一九三四年唐先生爲北京大學開設古文字學課程，其手寫講義稿由北京大學出版組石印。有插圖九幅（圖十至圖十八有目無圖），一九三五年十二月由來薰閣書店出版發行。

二、油印本，一九五七年中國科學院歷史研究所根據講義本請抄手抄寫油印。有《自叙》和《目録》，上下編各有《正譌》，無圖。

三、高級黨校本，一九六三年六月中共中央高級黨校據講義本影印。書前新加三幅插圖，書後有先生寫的《跋》，《上編正譌》移到《下編》正文後、《下編正譌》之前。

四、齊魯書社增訂本，一九八一年經先生的學生張政烺和李榮兩位先生的校訂，將原本上下編和一九三六年寫的改訂本合在一起，改訂本係唐先生後來寫的講義，共五十二頁，没有寫完，除堂上發給學生外，没有發表過。全書圖版增至二十七幅，後附一九七九年張先生所作《出版附記》。

唐先生遺稿裏夾有李榮先生一九七九年六月一日寫的《古文字學導論新版説明》手稿，提到講義本「下篇第廿九葉下（本書頁一九三）第九行頂上有向左的箭頭，第十行頂上有向右的箭頭，表示第九行和第十行的位置應該對調。又第三十葉上（本書頁一九四）第四行第二字和第三字邊上有位置對調記號」。還提到一九三六年改訂本「五十二葉下（本書頁四一三）書眉有作者鋼筆批語，是中篇第二章丁節到癸節的題目，轉録如下：丁、文字的三類　戊、象意文字　己、文字進化的三方面　庚、怎樣會有聲符　辛、近古文字的形成　壬、形聲文字　癸、由古代文字到近代文

[字]……癸節題目中『古代文字』也許是『近古文字』的筆誤」。

齊魯書社增訂本整理精詳，是最爲完備的本子。本次重印，其中《古文字學導論總目録》《第三版跋》《改訂本目録》《改訂本正訛》《出版附記》等重新排録繁體字版，其餘内容全部影印增訂本並去掉原頁眉、頁碼，以放大字體出版。

此次整理將大部分圖片改换成更清晰的圖版，並增補了若干，重編了《圖版目録》。

（劉　雨）

附：

爲更清晰呈現唐蘭先生手稿原貌，本書影印部分均去掉原頁眉、頁碼，將字體放大出版。同時爲不影響讀者閱讀，現將影印部分《上編正訛》《下編正訛》中涉及的原頁碼與本書新頁碼對應關係附録如下。

上編正訛

十一葉下爲本書頁四八。

十二葉上爲本書頁四九。

二十四葉上爲本書頁七三。

三十七葉下爲本書頁一〇〇。

四十二葉下爲本書頁一一〇。

四十五葉上爲本書頁一一五。

下編正訛

十八葉上爲本書頁一七一。

廿八葉下爲本書頁一九二。
廿九葉上爲本書頁一九三。
三十葉上爲本書頁一九五。
四十葉上爲本書頁二一五。
四十二葉上爲本書頁二一九。
四十八葉下爲本書頁二三二。
五十一葉下爲本書頁二三八。